D0846987

GUY FINLEY

LÂCHER PRISE

La clé de la transformation intérieure

Traduit de l'américain par Marie Perron

Une société de Québecor Média

Du même auteur

Amour, mensonges et pièges, Le Jour, éditeur, 2000.

Le cœur apprenti, Les Éditions de l'Homme, 2003.

Les clés pour lâcher prise, Le Jour éditeur, 1995; réédition: Les Éditions de l'Homme, 2003.

Les voies de l'émerveillement, Le Jour, éditeur, 1994.

Pensées pour lâcher prise, Le Jour, éditeur, 1996; réédition: Les Éditions de l'Homme, 2004.

Prier pour lâcher prise, Le Jour éditeur, 1998; réédition: Les Éditions de l'Homme, 2003.

Vaincre l'ennemi en soi (avec la collaboration du Dr Ellen Dickstein), Le Jour éditeur, 1996; réédition: Les Éditions de l'Homme, 2003.

À Patricia et MO. Vous faites partie de ce livre.
Par-dessus tout, à VH. Vous en êtes le cœur.

Lâchez prise !

Lâcher prise *est un livre exceptionnel et bienvenu qui propose de vraies solutions à de vrais problèmes. Et quelles merveilleuses solutions ! Il ne s'agit nullement des réponses ordinaires et dénuées de sens auxquelles nous sommes habitués. Cet ouvrage démontre clairement que la seule façon de résoudre un problème est de nous élever au-dessus de lui. La personne qui souffre doit transcender ce moi que nous connaissons, où nos problèmes prennent leur source. Ensuite, l'auteur nous tend une feuille de route remarquablement claire, des indications inestimables et encourageantes pour nous aider dans notre périple.*

Voilà un livre essentiel de nos jours. Qu'il s'agisse de politique internationale, de problèmes d'environnement ou de la querelle que nous venons d'avoir avec notre conjoint, nous avons de plus en plus l'impression que notre vie échappe à notre contrôle. Cet ouvrage nous propose des solutions immédiates. Il n'y a qu'une chose que nous devons, que nous pouvons contrôler : notre façon de réagir aux événements. Pour exercer ce contrôle, une seule méthode : LÂCHER PRISE.

Ce sont des sujets graves, pourtant ce livre est un ouvrage léger, pratique, de lecture agréable. Du premier récit époustouflant aux inoubliables aphorismes de la fin, voici un livre énergique auquel vous reviendrez maintes et maintes fois.

Qu'est-ce qui compte le plus pour une personne, sinon la découverte de son vrai moi ? Nous ne saurions donner un sens profond et durable à la vie sans d'abord savoir qui nous sommes. Quoi de plus utile dans cette quête qu'un guide comme celui-ci ? Ce livre remplit ce rôle : il nous guide vers la découverte de soi.

Dr Ellen B. Dickstein

Un mot de Desi Arnaz

Les techniques de guérison contenues dans ce livre m'ont aidé à ne pas sombrer dans un nombre incroyable d'habitudes et de projets autodestructeurs.

On y trouve tous les outils nécessaires pour triompher de nos problèmes. Guy Finley s'inspire d'anciens préceptes pour nous inciter à guérir la source même de nos problèmes psychologiques. Son livre vous aidera si vous suivez ses conseils.

Vous découvrirez qu'il ne sert à rien de dépendre de quelqu'un ou de quelque chose pour être heureux ; que ce sont nos perceptions erronées qui engendrent des tensions telles que la colère, la dépression, l'anxiété. Ce livre recèle de merveilleux secrets, non dépourvus d'humour, dans l'art de lâcher prise et de renoncer à la personne que nous croyons être.

DESI ARNAZ FILS

Introduction

Certaines personnes croient fermement et s'efforcent de nous faire croire que leurs problèmes émotionnels ont des causes extérieures. D'autres en rejettent le blâme sur leur alimentation, une carence en vitamines ou en minéraux, leurs vies antérieures, l'hérédité, les virus, le milieu familial ou la pollution de l'air. On dépense des milliards pour tenter de trouver des solutions aux détresses des individus et de la société. En vain, semble-t-il. Et nous échouons tout simplement parce que nous avons mal posé le diagnostic.

L'origine du problème est personnelle, en ce sens qu'elle découle d'une absence de compréhension de certains principes dont le but est de nous protéger, de nous entourer de soins et de nous rendre heureux. Cette grave lacune a fait de nous des êtres fragiles, vulnérables et souvent très seuls. Ces principes vitaux sont examinés sous un angle beaucoup plus avantageux et significatif que d'habitude dans le présent ouvrage. L'élévation de ce point de vue nous permet de détecter certains aspects fascinants et éloquents de la nature humaine.

Une des découvertes les plus étonnantes et les plus salutaires que j'aie faites, avant qu'il ne soit trop tard, est la suivante : ce qui semble « normal » ne l'est tout simplement pas. Supposer que la femme ou l'homme ordinaires sont parvenus à un haut niveau de développement émotionnel est une erreur fondamentale de la psychologie, de la psychiatrie et de la sociologie du XXe siècle. Je ne dis pas cela pour me donner un genre ou pour choquer, je veux seulement mettre en évidence une erreur élémentaire qui a terriblement faussé notre compréhension de la nature humaine. Cette méprise enlève toute valeur à la plupart des prétendues recherches. Car, de toute évidence, si la moyenne des gens étaient normaux, nous serions beaucoup plus heureux sur terre, la population de notre planète se composerait d'individus pour la plupart sereins et heureux tant intérieurement qu'extérieurement. Les faits ne mentent pas.

Il nous faut élever nos critères de bien-être intérieur au-dessus de la supposée « normalité ». Mais admettons d'abord, vous et moi, que nous nous sommes contentés d'une souffrance inutile dont nous ignorions les causes. Nous pouvons et nous devons devenir de meilleurs médecins pour nous-mêmes, nous devons faire en sorte que notre auto-examen clinique mène tout naturellement à la plus salutaire des conclusions : l'abandon de notre nature la moins développée, la plus mensongère, celle qui se contente d'une vie de servitude et vouée à l'échec. Mais il y a souvent un gouffre entre savoir ce qu'il faut faire et passer à l'acte. L'idée de « lâcher prise » ne date pas d'hier. C'est un précepte plein de sagesse. En lâchant prise, l'individu se place en harmonie avec la vie et cesse de nager à contre-courant.

Toutefois, de nos jours, nous pensons la plupart du temps que lâcher prise signifie s'abandonner à d'autres pensées ou à d'autres sentiments, quand une nouvelle sensation nous distrait temporairement de nos conflits intérieurs ou extérieurs. Il n'y a donc pas là de véritable solution. Pour vraiment déceler nos problèmes intimes et lâcher prise, il nous faut apprendre à communiquer d'une tout autre manière avec notre moi profond. Imaginons pour le moment qu'il s'agit d'un type idéal de relation médecin-patient.

Le personnage du médecin est très important ici, car le patient — le faux moi souffrant — est gravement malade et incapable de se connaître intimement ou d'avoir sur lui un quelconque pouvoir de guérison. Notre patient intérieur, maltraité au cours de son développement, est devenu un hypocondriaque hypersensible. Avec tout le respect que nous leur devons, ceux qui nous ont éduqués étaient eux-mêmes des charlatans qui abusèrent de notre confiance, des êtres malades et angoissés. Par conséquent, notre patient intérieur tend à assimiler faussement les corrections aux blessures, à la perte d'autonomie et à l'asservissement de l'esprit.

Dans notre quête de bien-être véritable, notre médecin a une tâche difficile, émaillée de pièges et d'écueils. Le médecin doit par-dessus tout se montrer sensible, attentif et perspicace, car le patient est particulièrement sensible à la moindre attitude négative, à la moindre confirmation névrotique de sa réalité et à tout ce qui pourrait justifier sa maladie et son manque de confiance.

Le médecin ne doit donc pas porter de jugement, mais se montrer objectif et compréhensif, et ne pas rechercher son intérêt personnel dans l'évolution du cas qui l'occupe. En même temps, il doit être extrêmement vigilant et dévoué, et à l'affût du moindre détail du « traitement ».

Dans un contexte thérapeutique réel, particulièrement en psychiatrie ou dans toute autre forme de psychothérapie, il est aisé pour un thérapeute d'en « avoir assez » d'un patient têtu et difficile. Bien entendu, lorsque cela se produit, le thérapeute ne saurait attendre de guérison. Quand il laisse ainsi la situation lui échapper, le thérapeute ressemble non seulement à ceux qui nous ont élevés, mais encore au patient lui-même. En d'autres termes, puisque pour le patient la vie est ainsi faite, à quoi bon ? Victoire perverse du patient, très habile à provoquer de telles réactions pour confirmer l'« authenticité » de sa vie factice, toute de réflexes conditionnés.

On voit donc que, pour que des résultats positifs se fassent sentir, le médecin doit, en un certain sens, être bien plus qu'un simple thérapeute ; il doit traiter son propre moi comme s'il s'agissait d'un autre patient ayant lui aussi besoin d'une attention constante et de beaucoup de compréhension.

Tout cela peut sembler compliqué, mais si nous nous efforçons de comprendre, nous en serons récompensés en posant un diagnostic éclairé. Une fois que nous connaissons les faits, lâcher prise devient un processus de guérison naturel et facile. Nous nous réjouissons de voir s'estomper les réactions et les émotions négatives que nous avons acquises au cours de notre existence. Bref, notre vie intérieure ressemble à un hôpital rempli de gens très malades qui ont tous besoin d'examens cliniques objectifs et de soins dévoués.

Le médecin doit avoir une grande prescience de ce qui est salutaire et de ce qui est néfaste, tout comme un vrai médecin doit être à l'affût du moindre indice pathologique, du moindre signe de maladie. Un médecin qui ne supporterait pas la douleur, qui prétendrait que tout va bien, et selon lequel le patient n'est pas gravement malade et se guérira de lui-même, est un mauvais praticien. Comme nous l'avons dit précédemment, un mauvais praticien est aussi un médecin qui refuse d'admettre ses propres faiblesses et préjugés et qui, par-dessus tout, se refuse lui-même à « consulter » (à demander une aide supérieure).

Sans vouloir jouer sur les mots, j'aime particulièrement l'expression « patience supérieure », car elle rend compte d'une réalité étrangère au langage habituel. Elle décrit ce que nous devons sans cesse inviter par un heureux mélange de paix intérieure et de vigilance, deux mots qui expriment l'essence même, merveilleuse et bénéfique, de la vraie guérison spirituelle.

Jesse Freeland, docteur en médecine de l'Université de Glasgow, est originaire du Lanarkshire, en Écosse. Auteur et conférencier de grande réputation, il a publié bon nombre d'articles dans USA Today, Westways, The Humanist, *ainsi que dans plusieurs revues scientifiques. Membre de l'AMA (Collège des médecins des États-Unis) et de l'APA (Association américaine de psychiatrie), le D*r *Freeland a agi comme consultant auprès du service de réhabilitation de la Californie (California State Rehabilitation Service) ainsi qu'à l'Université de la Californie. Avant de mettre fin à sa pratique privée, il fut directeur des services psychiatriques de la Devereux Foundation and Research Association de l'Université de la Californie.*

DR JESSE R. FREELAND

Comment lâcher prise à l'aide de ce livre

Je me souviens d'avoir un jour observé un jeune garçon à sa première leçon de ski nautique. Il dansait sur l'eau, ses longs patins pointés devant lui vers le haut. Du canot à moteur, son père lui cria ses dernières recommandations et le canot s'élança dans un vrombissement. La remorque se tendit.

Je crus d'abord que le garçon n'y arriverait pas. Puis, lentement, tel un phénix scintillant, il émergea. Bientôt il fut debout. Je pouvais apercevoir son sourire. Mais aussitôt, dans un mouvement inverse à celui qui l'avait tiré de l'eau, le garçon s'enfonça sous les remous. La chute ne semblait pas grave.

Son père fit demi-tour et vint à sa rescousse. J'attendis de voir la petite tête du garçon percer la vague, étourdie par sa première plongée, mais je ne vis rien. Je compris pourquoi en même temps que son père. Le garçon s'agrippait encore à la remorque ! Il était emporté par le canot même qui fonçait à son secours. Le père comprit ce qui se passait et coupa aussitôt le moteur. Une seconde plus tard, le visage trempé, mais souriant, du garçon émergea de l'eau et se tourna vers son père qui sourit à son tour et dit : « Mon fils, j'ai oublié de te dire une chose très importante. Si tu tombes à l'eau, il faut lâcher la remorque ! » Ils rirent de bon cœur. La nécessité de lâcher prise était évidente. Je ris avec eux en secret.

Je n'ai jamais oublié cet incident qui m'avait fait si forte impression. Si le garçon s'est accroché à la remorque, ce n'est pas qu'il ne voulait pas lâcher prise, mais qu'il ignorait quoi faire pendant ces instants terrifiants où on s'efforçait de le tirer de l'eau. L'idée de lâcher prise ne lui venait pas à l'esprit. Il était obsédé par des pensées et des émotions contradictoires telles que : « J'espère que personne ne m'a vu me rendre ridicule ! Qu'est-ce qui n'a pas marché ? Papa va-t-il être fâché ? Me permettra-t-il d'essayer encore une fois ? Comment ai-je pu être aussi stupide ? » Dans un tel brouhaha, il était sourd au réflexe instinctif et naturellement intelligent qui lui disait de lâcher prise et que masquaient ses inquiétudes dangereuses et hors de propos. Si je puis décrire cet événement avec une telle lucidité, c'est que j'étais moi-même ce petit garçon qui n'arrivait pas à lâcher prise. Ce fut la première des nombreuses leçons qui, tout au long de ma vie, m'ont fait découvrir les forces secrètes et destructrices par lesquelles nous nous agrippons à ce dont nous devrions nous détacher.

Lâcher prise : voilà le sujet de ce livre. Abandonner tout ce qui persiste à nous amener dans des relations et des événements malheureux. Nous détacher des pensées et des sentiments douloureux qui noient notre esprit dans de fausses et lassantes inquiétudes.

Au début, ce livre vous paraîtra étrange et déroutant, car on y énonce bon nombre de concepts étonnants et éclairés qui vous montreront à quel point vous vous êtes accroché à des solutions inefficaces. Nous nous agrippons tous à des circonstances et à des attitudes néfastes : le besoin de plaire, la colère, les vains désirs, les mauvaises habitudes, pour n'en nommer que quelques-unes. Mais le fait de ne pas avoir su vous affranchir de ces problèmes tenaces ne signifie pas que vous en êtes incapable. Cela signifie simplement que vous n'avez pas encore appris à lâcher prise. Un indice ? Une des découvertes les plus intéressantes que vous réserve cet ouvrage est qu'on se libère d'une entrave par la connaissance et non par la force. Voilà comment il vous aidera à réaliser vos plus vieux rêves de courage et d'indépendance. Pas à pas, par des dialogues, par questions et réponses, par des récits émaillés de vérités supérieures, vous apprendrez à connaître le côté particulier de votre moi que rien ne saurait dominer ou vaincre. Ce moi réel est toujours ouvert et disponible, et uniquement préoccupé par la vérité à découvrir. Voilà où réside sa force. Voilà où résidera la vôtre : dans une source inépuisable d'intelligence.

Le nouveau rapport que vous aurez avec vous-même vous préservera à jamais des dangers et sera pour vous une source d'inspiration. Avec chaque découverte, vous vous hisserez sur un plan plus élevé. Vous irez d'émerveillement en émerveillement, et parce que vous vous rendrez compte que d'un palier à l'autre le panorama est sans cesse plus inspirant, vous voudrez grimper encore et encore pour élargir votre horizon. Ce rapport magique à la vie existe, et vous pouvez en faire le vôtre. Il vous suffit pour cela de le désirer davantage que ce flanc de montagne auquel vous vous agrippez. Lâchez prise ! Vous n'en serez que plus heureux. Croyez-moi, je le sais.

Ce livre est avant tout un livre lumineux. Si vous le lui permettez, si vous êtes persistant, il peut allumer en vous la flamme qui éclairera le chemin de la vraie liberté. Je n'en doute pas une seconde. La liberté totale n'est pas un idéal, mais une destination. Cela m'amène à conclure.

On ne doit jamais apprécier le tout par la partie. Si, devant une toile de maître, vous concentriez toute votre attention sur un seul coup de pinceau ou une seule couleur, vous seriez aveugle non seulement à l'intention de l'artiste, mais aussi à la beauté de l'œuvre. Ce que je veux dire est que l'ensemble du tableau est supérieur à chacune de ses parties. Sa force et sa beauté constituent une qualité indéfinissable, qui se laisse uniquement percevoir dans l'œuvre entière. Il en va de même des concepts étudiés dans cet ouvrage. Nous nous efforçons d'exprimer quelque chose que de simples pensées et de simples émotions ne sauraient rendre avec exactitude, car si vraies et si bien intentionnées soient-elles, elles sont néanmoins fragmentaires : une image à la fois sur la pellicule cinématographique d'une vie qui doit être vue dans son ensemble pour en saisir et en comprendre le sens. Il est donc très important pour vous non seulement de lire ce livre, mais de vous en imbiber. Car tout comme la pluie fait éclore la beauté des fleurs printanières, les vérités énoncées ici vous apprendront comment lâcher prise.

GUY FINLEY

Chapitre premier

Lâcher prise pour trouver le bonheur

Il était une fois un archéologue qui avait passé sa vie à chercher un très mystérieux temple antique. De génération en génération, les chercheurs propageaient une légende selon laquelle ce temple recelait dans ses salles d'inestimables richesses. Cependant, nul n'avait encore découvert le temple merveilleux et ses trésors secrets. Voilà pourquoi, en apercevant la petite ouverture sombre, à moitié enterrée, qui perçait le flanc d'une colline en pleine forêt vierge, l'archéologue savait devoir freiner la folie de son imagination.

Mais le temple se trouvait bel et bien là, il en était sûr. Tout, en lui, le lui disait. Des années et des années de recherches l'avaient conduit en ce lieu précis.

En peu de temps, l'archéologue avait suffisamment élargi la brèche embroussaillée pour pouvoir ramper à l'intérieur. Quand il se redressa, son sang ne fit qu'un tour. Dans la faible lueur d'une lampe au kérosène, il vit devant lui un large tunnel grossièrement creusé que supportaient des poutres mal équarries. De toute évidence, quelqu'un d'autre l'avait précédé. Des questions se bousculaient dans sa tête : de qui pouvait-il bien s'agir ? Pourquoi n'avait-il jamais eu vent de cette découverte ? Le temple avait-il été pillé ? Se pouvait-il qu'il se soit trompé d'endroit ? Mais son acuité visuelle vint à son secours : le tunnel s'arrêtait brusquement. Les secrets du temple étaient peut-être toujours intacts ! Une inspection prudente et minutieuse montra que plusieurs salles de chaque côté du tunnel n'avaient été que partiellement excavées. Que s'était-il passé ? Pourquoi les travaux avaient-ils été abandonnés ?

Il trouva la réponse à sa question quelques instants plus tard, en s'appuyant légèrement contre une des poutres de soutènement. Il entendit un craquement qui libéra un nuage de poussière et de petits cailloux. Il se précipita d'un bond vers la sortie en espérant y parvenir avant d'être enterré vivant, en vain. À sa grande surprise, ce fut sans importance. L'effondrement craint ne se produisit pas. Il se mit à rire. Voilà la raison pour laquelle le temple avait survécu avec tous ses trésors intacts. Au cours des siècles, ses salles s'étaient remplies de terre tropicale, de végétaux en décomposition et de pierre friable, trop instables pour qu'on puisse les déblayer sans risque. Le trésor était sûrement toujours là ; il suffisait de se débrouiller pour l'atteindre.

En dépit du danger, il prit donc la résolution de poursuivre sa quête et d'excaver le site à l'abandon depuis si longtemps.

Tout au long des mois et des années qui suivirent, l'archéologue travailla seul et en secret. Au mieux, il avançait à pas de tortue. Sa mince percée quotidienne devait être soutenue par une poutraison toujours plus imposante. À son étonnement croissant, il passait de plus en plus de temps à maintenir les poutres en place. Leur craquement et leur affaissement incontrôlables ne lui laissaient pas de répit. Même pendant la nuit, à l'extérieur, en sécurité près de son feu de camp, il entendait gémir les poutres.

Par-dessus tout, l'archéologue était fatigué comme s'il avait transporté toute la montagne sur ses épaules. Et c'était vrai, en quelque sorte, puisqu'il avait presque entièrement débarrassé toutes les salles des racines, des pierres et de la terre qui les encombraient. Aucun trésor ne s'y trouvait : que des racines, des pierres et de la terre. Il commença à perdre espoir.

C'est tard le lendemain, juste avant de mettre fin à sa journée d'excavation, que tout commença. Au début, l'archéologue ne s'en formalisa pas. Il avait été témoin de cela au moins une centaine de fois. Une section de la poutraison, au beau milieu du site, menaçait de s'affaisser. Il y courut, pour en empêcher l'effondrement, et tandis qu'il se tenait là, arcbouté entre la paroi de terre et les piliers de soutènement, il sut que ce qui se passait échappait à son contrôle. Il le savait, car il l'entendait. Les gémissements des poutres au-dessus de sa tête ne s'estompaient pas. En fait, comme les harmoniques d'une immense harpe antique, l'une après l'autre les poutres du tunnel se mirent à vibrer et à résonner. Il lui sembla que la pression accumulée au-dessus d'elles depuis mille ans allait éclater.

À mesure que la vibration s'accentuait, l'archéologue courut d'un jeu de piliers à l'autre et tenta d'y mettre fin en étayant la poutraison avec son corps. En vain ! L'accumulation de terre et de poussière l'empêchait de respirer et même de voir. Dans son désespoir croissant, et devant les rares choix qui lui étaient offerts, il se précipita en aveugle vers le couloir principal. Pour éviter l'effondrement total, il devrait faire en sorte que cette réaction en chaîne ne rejoigne pas les piliers du centre. Rassemblant ce qu'il savait être ses dernières forces, il projeta tout son poids contre une des poutres principales, juste au moment où celle-ci allait s'effondrer. Pour le moment, tout tenait. Aussitôt, le ridicule de ce qui pouvait bien être le dernier acte de sa vie traça sur sa bouche un demi-sourire. Bizarre : *lui* soutenait le pilier ; mais il savait pourtant au fond de lui-même que sans le pilier pour le soutenir, lui, il s'écroulerait.

Cette pensée qui l'amusait fort fut aussitôt chassée par une autre qui n'avait apparemment aucun sens et qu'il repoussa comme une chose impensable. Mais à mesure qu'il prenait conscience de la futilité de ses efforts pour empêcher l'effondrement de la galerie, elle revenait le hanter : « Pourquoi ne pas lâcher prise ? »

Était-il en train de devenir fou ? Si ridicule que lui paraisse l'idée de lâcher prise, elle avait quelque chose d'extrêmement tentant, de si séduisant qu'elle accaparait toute son attention. Il crut avoir pénétré à la fois dans deux univers qui s'écartaient de plus en plus l'un de l'autre. De toute évidence, il fallait que ça casse. Il déploya toute son énergie à rester accroché à ce qui lui avait toujours paru important, et qui pourtant ne comptait plus.

Il aurait aimé comprendre ce qui le bouleversait, mais tout paraissait maintenant échapper à son contrôle. Il ne pouvait que s'observer lui-même, tandis qu'il pesait le pour et le contre de chaque porte de sortie. Si, d'une part, il réussissait à stabiliser la poutraison, il aurait pour seule victoire la certitude d'avoir à affronter une autre journée en tous points semblable aux autres, une autre journée passée en grande partie à supporter le poids de la montagne. Il était las de ne découvrir que des salles vides de tout trésor. D'autre part — et son dos se raidit à cette pensée — lâcher prise signifierait la fin du travail de toute son existence, la fin de ses espoirs et de ses rêves, peut-être même la fin de sa vie !

Le craquement subit d'une poutre près de l'entrée de la galerie mit fin au conflit de l'archéologue. C'était fini. Il savait inutile d'essayer de fuir, inutile de continuer à supporter le poids de toute cette structure. Il n'y avait plus rien à faire. Il en fut soulagé. Ce qu'il fit ensuite lui vint spontanément : il lâcha prise. Tout sembla tomber en place et s'ordonner quand les piliers et les poutres s'amoncelèrent, tombant les uns par-dessus les autres. L'air devint terreux. Debout, au beau milieu de ce qu'il crut être la fin de sa vie, il se sentit bien mieux que jamais. « Comme c'est étrange », songea-t-il, et sa vue s'obscurcit.

Tandis qu'il était étendu par terre, son ouïe fut le premier de ses sens à lui revenir. C'est du moins ce qu'il lui sembla. Ses oreilles se tendaient vers quelque chose, mais l'archéologue ignorait quoi. Tout était si extraordinairement calme ; il craignait d'ouvrir les yeux et de mettre ainsi fin à cet étrange silence.

Une autre perception réclama alors son attention. Il se souvint de l'endroit où il se trouvait et de ce qui était arrivé. Par miracle, il était vivant. Se tâtant rapidement par tout le corps, il constata qu'il n'avait rien de cassé. Il fallait qu'il bouge. Il souleva précautionneusement le haut de son corps, s'extirpa des décombres, et s'assit. Gardant ses paupières baissées, il secoua la poussière de ses cheveux avant d'évaluer les ruines du travail de toute une vie qui gisaient autour de lui. Il ouvrit les yeux.

Les poutres étaient empilées pêle-mêle, comme une poignée d'allumettes jetées là par une main géante. L'archéologue leva lentement les yeux pour mieux jauger l'état des lieux. Rien ne l'avait préparé à ce que rencontra son regard fatigué. C'était extraordinaire.

Croyant rêver, il secoua la tête, mais la douleur sourde dans une de ses jambes l'assura qu'il était bien éveillé. Il n'y avait rien d'étonnant à ce qu'on n'ait jamais découvert le trésor du temple. Rien d'étonnant à ce que des siècles se soient écoulés sans qu'on résolve cette très ancienne énigme. Il éclata de rire, interrompant le flot de ses pensées. L'écho résonna, comme pour confirmer la supercherie. Tous ceux qui l'avaient précédé en ce lieu, les pilleurs et les scientifiques, tous ces gens avaient cherché le mauvais trésor au mauvais endroit. L'archéologue rit à gorge déployée et redressa la tête.

Loin là-haut, comme un firmament étoilé d'or, la voûte du temple était visible : c'était un dôme en or massif, incrusté de pierreries de toutes les couleurs et de toutes les tailles. L'effondrement qui, avait-il cru, le dépouillerait de tout, lui avait révélé au contraire le secret des secrets : le trésor du temple n'avait jamais été enfoui *dans* le temple. *Le trésor du temple était le temple lui-même*. Il lui appartenait maintenant d'en jouir à loisir. Il remercia le ciel en silence de lui avoir donné le courage de lâcher prise.

Vous aussi possédez un trésor inestimable qui attend d'être découvert. C'est de cela qu'il s'agit dans *Lâcher prise*.

Ceci n'est pas lâcher prise

Le simple fait de vouloir se libérer d'une situation déplaisante ou d'une douleur émotionnelle tenace ne suffit pas. Vouloir, c'est désirer, et un désir chasse l'autre comme les abeilles se relaient pour butiner les fleurs. Voilà pourquoi il est si important de comprendre ce que signifie réellement lâcher prise.

Commençons par ce que nous savons, ou du moins par ce que nous devrions connaître du fait de lâcher prise. Nous devrions déjà savoir en quoi lâcher prise *ne consiste pas*. Cette méthode éprouvée — déterminer ce qu'une chose n'est pas pour déterminer ce qu'elle est — est une excellente façon de découvrir la vérité. Les grands mystiques, les sages et les hommes de science de tous les temps ont compris l'importance de pénétrer la vérité en révélant puis en éliminant la fausseté qui la recouvre. Suivons leur sage conseil et voyons ce que lâcher prise ne signifie pas.

1

Lâcher prise ne signifie pas vivre dans le regret douloureux
de ce qui aurait pu être.

2

Lâcher prise ne signifie pas se convaincre
qu'une autre personne a eu tort.

3

Lâcher prise ne signifie pas aller d'une déception à l'autre
dans l'espoir d'être enfin victorieux.

4

Lâcher prise ne signifie pas chercher anxieusement
une nouvelle solution à un vieux problème.

5

Lâcher prise ne signifie pas diminuer nos attentes.

6

Lâcher prise ne signifie pas éviter les lieux et les êtres qui réveillent
le souvenir douloureux d'anciennes relations.

7

Lâcher prise ne signifie pas devoir se convaincre d'avoir eu raison
de lâcher prise.

8

Lâcher prise ne signifie pas rechercher désespérément quelqu'un
qui prenne notre parti dans une dispute.

9

Lâcher prise ne signife pas devoir répéter mentalement une conversation pour se sentir en confiance.

10

Lâcher prise ne signifie pas prétendre qu'on peut laisser tomber (écrivez ici ce que vous voulez) à tout moment.

Dans cette quête de ce que lâcher prise n'est pas, il faut aussi tenir compte du fait que lâcher prise n'a rien à voir avec le don de soi, ni avec le ressentiment ou l'amertume qui vont apparemment de pair avec l'abnégation. Bref, nous constatons que le fait de lâcher prise n'a rien à voir avec la discipline, avec la réorganisation externe de notre vie ou avec la recherche de liberté au sein de nos relations personnelles. En fait, lâcher prise est uniquement une question d'abandon de soi. Et il en a toujours été ainsi.

Nous savons tous très bien quel effet cela fait de tourner le dos à ce qui nous a blessé ou inquiété, et de nous retrouver exactement dans la même situation peu de temps après. Laisser tomber telle personne, recommencer avec telle autre ne met jamais fin à cette solitude qui nous pousse vers des relations sans issue. Ce n'est pas cela, lâcher prise, car nous nous sommes contentés de mettre notre vide intérieur en suspens. Changer d'emploi pour fuir une personne ou une situation qui nous déplaît ne met pas fin à notre conflit. Tout au plus remettons-nous à plus tard la colère qu'inévitablement provoque un tel sentiment de vulnérabilité. Notre colère ne nous protège pas de l'insensibilité des autres, car colère et insensibilité sont une seule et même chose.

Le plus merveilleux secret de la terre

La vérité est que lâcher prise est tout ce qu'il y a de plus simple et de plus naturel. C'est aussi naturel pour vous et pour moi que pour un arbre de laisser tomber ses fruits mûrs et gorgés de soleil. L'homme, l'arbre, toute créature vivante est conçue pour se séparer de ce qui a fait son temps. Dans le cas de l'arbre, les fruits en tombant transportent les graines jusqu'au sol sans aucune intervention surnaturelle. De même — c'est-à-dire en fonction de lois supérieures et tout aussi exigeantes —, des forces amicales attendent d'accomplir à votre place ce que vous n'avez pas été en mesure de faire par vous-même. Il suffit d'apprendre à collaborer avec ces principes puissants, vieux comme le monde, pour tourner le dos à l'amertume, au regret obsédant, à l'inquiétude angoissée ou aux pensées troublantes. Le reste se fera tout seul.

Voilà le secret de lâcher prise. Avant tout, sachons que nous portons le joug d'une vie de défaites et que ces fardeaux, loin de faire de nous des êtres exceptionnels, nous ont rendus malheureux. Voilà une nouvelle qui risque d'en secouer plus d'un ; en fait, avec cette prise de conscience, nous faisons un pas de géant. C'est la première de plusieurs miraculeuses séparations d'avec le moi, grâce auxquelles nous comprenons que nous avons vécu en fonction d'une partie invisible de nous-mêmes : un moi persuadé que nous sommes des rescapés parce que nous nous agrippons à une épave. Nous savons maintenant pourquoi tous nos efforts passés se sont soldés par un autre problème. Mais nous avons aussi enfin appris exactement ce que nous devons abandonner. Nous devons abandonner ce moi malheureux, qui se convainc que souffrir, en ayant *l'impression* d'être quelqu'un, vaut mieux que de lâcher prise et de secrètement *n'être personne*. Ne vous inquiétez pas de savoir comment tout cela pourra se concrétiser. C'est à la réalité de s'en charger.

La connaissance supérieure qui commence à vous être révélée n'*est pas* intellectuelle. Elle provient d'une partie bien élevée, sage et courageuse de vous-même qui agit au-dessus du quotidien et de ses incessants conflits à propos du bien et du mal. Votre être intérieur nouvellement conscient sait ce qui est bon pour vous parce que sa *vision* de l'existence n'est pas brouillée par les confusions et les contradictions qui vont de pair avec les contraintes reliées à l'intérêt personnel. Par exemple, cette intelligence supérieure sait qu'il ne vous est pas nécessaire de souffrir, même si vous êtes persuadé du contraire. Une fois que vous avez établi le contact avec cette partie secrète de votre moi, elle se charge du reste. C'est exact. Car c'est uniquement cette partie supérieure du moi qui peut faire en sorte que votre main s'ouvre pour qu'en tombe tout ce qui vous avait jusque-là fait souffrir.

Croyez-moi, vous êtes au seuil d'une des plus grandes découvertes qui soit pour un être humain. Le secret qui permet de lâcher prise non seulement vous permettra de mettre fin à ce dont vous ne voulez plus, mais il vous donnera en outre la clé d'une vie nouvelle. Un nouveau moi naîtra qui n'aura pas besoin de s'agripper à rien, puisqu'il sera lui-même *tout*. Osez. Les pensées qui suivent baliseront votre route.

1

S'abandonner soi-même, c'est abandonner ses problèmes,
car les deux sont une seule et même chose.

2

Cédez à votre envie d'être infini.

3

La découverte de ce qui ne convient pas doit toujours précéder
la découverte de ce qui convient.

4

Votre liberté n'a d'égale que votre sincérité
envers vous-même.

5

Lâcher prise est une entreprise strictement personnelle.

6

Le monde n'a rien à cacher à un homme qui sait se révéler
à lui-même.

7

On peut vivre par intelligence vraie ou avec auto-obstination.

8

Lâcher prise ne requiert pas de force, mais la volonté
d'en constater la nécessité.

9

On affronte une situation au même niveau qu'on la comprend.

10

Quand on voit le problème, on en connaît la solution.

11

Détecter une faiblesse, c'est la rejeter.

12

Quand on comprend que s'accrocher est douloureux,
lâcher prise est un réflexe inévitable.

13

Le malheur ne va pas vers vous, il provient de vous.

14

Souffrir n'est rien qu'une mauvaise habitude.

15

Ce que vous voulez vraiment, c'est cesser de penser à vous-même.

16

La défaite vient de ce qu'on s'accroche
à des solutions inefficaces.

17

Il est facile de lâcher prise quand on n'a pas d'autre choix.

18
La véritable liberté, c'est l'absence d'un moi prisonnier,
et non pas les pièges auxquels le moi se laisse prendre
pour se donner une illusion de liberté.

19
Vouloir apprendre à se connaître, mais pas complètement,
équivaut à dire : « Je veux voir le monde sans sortir de mon lit. »

20
La peur elle-même est tout ce qu'on a à perdre quand on abandonne
ce dont l'absence nous fait peur.

Soyez plus fort que ce qui vous effraie

— Je voudrais avoir le courage de me libérer de tout ce qui contribue à mon autodestruction, mais à chaque fois que je m'apprête à lâcher prise, je panique. Et quand je panique, je m'accroche encore plus fort ! Comment cesser d'avoir peur ? La pensée que ma peur puisse être si grande qu'elle m'empêche de me libérer m'horripile.

— Oui. On peut surmonter cette partie de soi qui préfère s'accrocher à s'évader. Mais pour vraiment vous libérer de vos peurs, vous devez d'abord les *traverser*.

— J'ai pourtant tenté de surmonter mes peurs, mais j'ai beau me débattre, on dirait que je n'arrive pas à m'affranchir de leur emprise étouffante et sordide.

— C'est parce que vous cherchez à les dominer.

— Eh bien ! que peut-on faire d'autre quand nous en sommes prisonniers ? Ne devons-nous pas nous montrer plus forts que l'adversaire ?

— Bien sûr, mais se battre contre la peur, c'est comme vouloir mettre une ombre K.-O. On s'épuise en vain. Pour vaincre nos peurs une fois pour toutes, il faut cesser de penser domination et commencer à penser éclairement.

— Éclairement ? Que voulez-vous dire ?

— Je parle d'auto-éclairement. De ce miracle qui se produit en nous quand nous osons donner la préséance à la *compréhension* de ce qui nous terrifie, plutôt qu'à notre certitude de ne pas avoir d'autre choix que la peur.

— J'aime ce que vous dites, mais comment la connaissance peut-elle abolir la peur ?

— Si vous avez le courage d'être aussi terrifié que vous l'êtes, tout en acceptant d'affronter consciemment votre peur, vous comprendrez que ce n'est *pas vous* qui tremblez.

— Expliquez-moi en quoi consiste cette compréhension.

La cause apparente de votre peur, quelle qu'elle soit, n'est pas le vrai problème. Ce qui est à craindre, c'est votre *réaction*. Voilà pourquoi si vous *prenez conscience* de votre état au lieu de le craindre, votre rapport à la peur en sera à jamais transformé. C'est uniquement dans ce genre de relation avec vous-même que vous pouvez vous sentir en sécurité, car vous avez de la sorte une façon carrément nouvelle d'interagir avec vos peurs. Vous ne les laissez plus vous dire comment vous comporter ou quoi faire, car vous en êtes conscient. Vous les examinez, et à mesure que vous découvrez l'étrange et chancelante nature de vos réactions, vos peurs perdent un peu plus de leur emprise sur vous.

Pourquoi ? Parce que vous les voyez enfin telles qu'elles ont toujours été, c'est-à-dire des forces mécaniques dépourvues d'intelligence. Peu à peu, vous devenez plus fort qu'elles, car en les voyant telles qu'elles sont et non pas comme elles voudraient que vous les voyiez, vous vous hissez sur un plan supérieur au leur, et vous commencez à vous en affranchir. Votre perspicacité vous rend apte à prendre votre vie en main au lieu de vivre dans la peur.

Être conscient de sa peur signifie *savoir que vous êtes effrayé* ; mais vous savez aussi que ces peurs, si réelles puissent-elles paraître, ne sont pas *vous*. Aucune réaction négative ne saurait vous garder prisonnier dès lors que vous la voyez sous son vrai jour. La peur n'a jamais été qu'une réaction contraignante à laquelle nous nous agrippons dans les ténèbres de notre vie inférieure actuelle, parce que nous en avons fait notre bouclier. Cependant, comme les faibles lueurs de l'aube peuvent chasser les ténèbres, ainsi la plus minime compréhension d'une peur récurrente peut nous aider à nous en affranchir.

Vous pouvez faire la démonstration de ce vigoureux principe quand vous le voulez. Il suffit d'oser agir, même quand vous avez peur. N'oubliez pas, cependant, que votre objectif n'est pas d'avoir l'air fort, ni d'agir courageusement devant la peur. Non. Nous avons déjà vu que cela ne sert à rien. Vous voulez seulement être curieux de votre conception de la peur et des sensations qu'elle suscite, au lieu d'y croire. Si vous observez cette simple directive supérieure, non seulement vous commencerez à *percevoir* les réflexes qui ont nourri vos peurs et qui vous ont poussé à fuir, mais encore vous les *pénétrerez*. C'est là le vrai miracle. À chaque fois que vous comprenez mieux une de vos réactions négatives, elle perd un peu de son emprise sur vous. Ce qu'elle perd, vous le gagnez. Vous savez que vous êtes devenu plus fort. Vous savez également que votre force nouvelle ne vous fera jamais défaut, car elle n'est pas uniquement une apparence, c'est-à-dire le masque provisoire de son audacieux contraire. Cette nouvelle force est née de *l'absence* d'une ancienne faiblesse.

Examinons une des façons dont cet éclairement du moi, en prenant le pas sur l'autoprotection, peut transformer la peur en absence de peur. Connaissez-vous une personne que vous préféreriez fuir plutôt que de la croiser ? C'est notre cas à tous ! Eh ! bien, prenez la résolution dès maintenant de ne jamais plus éviter de croiser une personne qui vous fait peur. En fait, allez vers cette femme ou cet homme trop critique ou agressif, dites exactement ce que *vous* voulez dire et agissez exactement comme *vous* voulez agir, au lieu de laisser votre crainte vous *dicter* vos paroles et vos actes. Ne pensez pas à ce qui devrait ou ne devrait pas se produire. Vous êtes là pour vous observer et pour apprendre quelque chose sur vous-même, non pas pour écraser votre ego. Si vous tremblez, ne vous en cachez pas. Qu'importe si cette personne vous voit trembler ? De toute façon, c'est temporaire. La personne désagréable qui est devant vous ignore que vous êtes en train de vous réveiller.

Vous laissez enfin vos émotions suivre leur cours sans vous entraîner. Tandis que, momentanément détaché de votre moi habituel, vous êtes intérieurement aussi vigilant que possible, vous constatez que ce torrent de réflexes possède son propre passé, un passé de peurs que vous aviez assumé comme s'il avait été le vôtre. Mais vous comprenez maintenant que ces peurs ne sont pas à vous. Voici comment.

Vous n'avez jamais eu peur d'une autre personne. Ce sont *vos pensées* à propos de cette personne qui vous effrayaient. Bien sûr, vous *ressentiez* de la peur, mais ce n'était pas la vôtre, et ce n'était pas envers quelqu'un de plus puissant que vous. Vous craigniez plutôt l'opinion que, *selon vous*, cette personne avait de vous. N'est-ce pas étonnant ? Vous vous êtes laissé effrayer par vos propres pensées. Comprendre cela, c'est y mettre fin. Débarrassez-vous de ce moi pensant ; personne ne tient à la terreur.

Comment vivre à un niveau supérieur

Ainsi que nous le verrons, nous sommes malheureux le plus souvent parce que nous confondons le tout et la partie. Quand nous ne voyons pas une situation dans son ensemble, nous adoptons facilement des comportements autodestructeurs. Prenons pour exemple cette terrible impression de vide qui vient lorsqu'on découvre, trop tard, après s'être fâché, que les choses n'étaient pas telles qu'on les imaginait, que c'est nous qui avons mal jugé ou mal compris telle personne ou telle circonstance. Une fois la situation visible dans son ensemble, nous admettons que nous avons eu tort de nous fâcher, d'être triste, angoissé ou craintif. Combien de fois n'avons-nous pas regretté, après coup, connaissant enfin le fond de la question, d'avoir agi sans réfléchir ? Voilà ce qu'il faut faire, connaître le fond de la question. Croyez-moi, il y a une explication pour tout. Rien de ce qui vous arrive, rien de ce qui a lieu à cause de vous, ne doit demeurer inexpliqué. Laissez la lumière vous envahir au lieu de la peur. C'est à vous de choisir. N'est-ce pas extraordinaire de découvrir que vous pouvez toujours choisir ce qui est bon pour vous ?

Rien ne vous oblige à accepter telle quelle votre vie actuelle. C'est votre niveau spirituel qui détermine si vous flottez ou si vous vous noyez. Votre vie actuelle ne semble pas vous donner le choix ? Erreur. L'impression que vous ressentez d'être prisonnier est passagère, elle correspond à votre niveau spirituel : à ce stade, vous croyez sincèrement ne pas avoir le choix. Je vous répète que c'est faux. Nous avons toujours le choix.

L'ennui est que la plupart des hommes et des femmes insistent pour parler de *leurs choix*. Il faut bien comprendre ceci. Votre niveau spirituel présent dépend de vos choix *antérieurs*. Pourquoi revenir en arrière ? Pourquoi ne pas transformer ces choix ? Vous savez déjà que les choix qui s'offrent à vous ne vous apporteront pas le vrai bonheur. Allez-y, convainquez-vous-en ! Rien de mal ne vous arrivera. En fait, il ne vous arrivera que du bien si vous cessez de vous accrocher à des idées néfastes. Vous avez maintenant la possibilité de cesser d'opter pour ce qui vous gruge. Ainsi, vous gravirez le premier échelon vers un autre niveau spirituel. Examinons de plus près la sagesse de ces nouvelles décisions.

Si vos décisions se sont toujours soldées par une sensation d'insatisfaction et d'inachèvement, n'en blâmez pas vos choix, et comprenez plutôt que *le problème est causé par la personne qui fait ces choix*, c'est-à-dire *vous* ! Vous et ce qui vous arrive êtes le reflet de votre niveau spirituel. On nous a habitués à croire que la vie fait de nous ce que nous sommes. En réalité, c'est notre niveau spirituel, c'est-à-dire le genre de personne que nous sommes, qui modèle notre vie. C'est aussi pourquoi rien ne saurait changer tant que nous n'aurons pas compris que notre malheur ne dépend pas des événements, mais qu'il les crée. Voyons cela de plus près.

Nous pensons que des événements se produisent, qui sont heureux ou malheureux, bons ou mauvais. En d'autres termes, nos sentiments reflètent ce qui se produit de seconde en seconde. Voilà pourquoi, au niveau où nous sommes, lorsqu'il nous arrive d'être malheureux, notre premier réflexe consiste à vouloir transformer les circonstances que nous croyons responsables de notre malheur. Nous sommes persuadés que le fait de changer le contexte qui nous fait souffrir mettra fin à notre souffrance. Il n'en a jamais été ainsi, et il n'en sera jamais ainsi, car *ce n'est pas l'événement qui nous rend malheureux, c'est notre réaction face à cet événement*.

Quel signifie pour vous cette découverte ? Tout. Voyez plutôt :

1

Vous pouvez mettre fin à votre ressentiment par rapport
à votre travail, car ce n'est pas votre travail qui est ingrat,
mais ce que vous en pensez.

2

Vous pouvez cesser de vouloir transformer les autres,
car votre problème avec les autres, c'est vous.

3

Vous pouvez cesser de craindre les changements imprévus ou ce qui
vous met au défi, car la seule créature vivante à qui vous devez
rendre des comptes, c'est vous.

Par-dessus tout, vous pouvez vous libérer de cette tâche impossible, de cette incroyable autopunition qui consiste à croire que vous êtes responsable du sort de l'univers entier. Le seul univers qui soit sous votre responsabilité est le vôtre, votre univers intérieur, celui de vos pensées, de vos sentiments, de vos élans et de vos désirs. Votre niveau spirituel dépend clairement de votre capacité à voir clair dans cet univers. Et c'est dans cette vision nouvelle que réside votre sécurité, c'est le fondement de votre succès futur, car lorsqu'on en connaît les écueils, la traversée de l'existence est facile et heureuse.

Vous n'iriez pas réparer *votre* lavabo chez le voisin, n'est-ce pas? Pourquoi, alors, voudriez-vous transformer le monde extérieur s'il n'est que le reflet de votre propre univers? N'essayez pas de changer le monde qui vous entoure. Changez plutôt votre attitude et votre point de vue. En se transformant soi-même, on transforme aussi l'univers en ce qu'il nous concerne, puisque nous sommes notre propre univers. Plus simplement: *le dehors dépend du dedans*.

Ce n'est pas aussi difficile à comprendre qu'il peut sembler au premier abord. Prenons un exemple. Une personne écrit une lettre et fait une faute d'orthographe. L'erreur prend naissance dans sa tête; ce n'est qu'ensuite qu'elle s'inscrit sur le papier. Inversement, cette personne ne peut corriger sa faute sur papier tant qu'elle ne l'a pas corrigée dans sa tête. Si le cerveau n'en prend pas conscience, l'erreur se perpétuera. La comparaison n'est-elle pas évidente ? Parce que les gens veulent corriger les erreurs du monde qui les entoure au lieu de corriger leur façon de penser, ils sont désorientés et toujours enchaînés à leur insu à une machine à commettre des erreurs. Voilà pourquoi cette leçon est si importante. Vous êtes insatisfait de votre perception de la vie — votre niveau spirituel — et non pas de ce que cette perception vous a apporté. Tenter de transformer sa vie sans d'abord changer de niveau spirituel, c'est comme chercher à se convaincre qu'un carrousel ne tourne pas en rond. Si vous êtes las de ce carrousel qui tourne en rond, souvenez-vous que vous pouvez en descendre quand vous voulez.

Les concepts énoncés ici ont pour but de vous guider vers des choix supérieurs en vous aidant à mieux vous comprendre. La connaissance supérieure de soi engendre une vie spirituelle supérieure. À mesure que vous hausserez votre niveau de vie intérieure, vous constaterez que votre réaction aux circonstances s'est transformée sans effort. Le monde semble tourner moins vite : vous venez de découvrir ce qui vous étourdissait. Ce n'était pas la vie, mais votre façon de penser.

Libérez-vous de vous-même

Quiconque doit se prendre en main est sur le point de s'écrouler. C'est là une bien désagréable façon de traverser la vie. Nous devons le reconnaître. On ne saurait apaiser sa peur de s'écrouler en s'alourdissant de fardeaux supplémentaires tels la réussite ou l'espoir de réussir. En voyant la vie de cette façon, on se fatigue plus vite, car on doit contrôler de plus en plus de choses pour empêcher notre existence de tomber en morceaux. Réfléchissez à ce qui va suivre, à la connaissance de soi dont il y est question. Vous verrez quelle intelligence supérieure préside à votre désir de lâcher prise.

Tout ce que vous devez contrôler exerce un contrôle sur vous. L'ennui du contrôle de soi est qu'il est le témoin de la guerre que vous vous livrez à vous-même. Il n'y a jamais de vainqueur à la guerre ! Voyons cela autrement. Dès que survient une circonstance troublante, le cerveau s'acharne à trouver une solution qui puisse lui redonner l'impression de dominer la situation. Mais plus le cerveau travaille, plus vous perdez le contrôle ! Vous le constaterez sans peine. Quand on a peur de perdre le contrôle, c'est qu'on l'a déjà perdu. Ce n'est pas tout ; et nous devons tout comprendre pour rehausser notre niveau spirituel et acquérir aplomb et force intérieure.

Quand nous pensons à nous-mêmes, nous ne voyons jamais un personnage au seuil de l'affaissement. Il est vrai que rares sont ceux qui se voient sous un éclairage compromettant. Nous sommes en sécurité dans la pénombre de notre théâtre intime avec sa galerie de personnages auxquels nous retournons souvent, surtout quand la lumière crue de la réalité commence à se répandre et à montrer les faiblesses de structure du moi. Voilà pourquoi la vérité nous est nécessaire. La vérité est ce qui nous permet de voir la réalité sans en avoir peur. L'une des fonctions rédemptrices de la vérité est de nous démontrer que nous faisons partie de ce que nous observons. Ainsi vue de l'intérieur, la lumière de la vérité n'est pas crue. Elle est accueillante. Plus nous ouvrons notre galerie de mille et un personnages à cette lumière, plus il nous est facile de lâcher prise. Pourquoi ? Parce que nous n'avons rien d'autre à perdre que ce qui nous gardait prisonniers des ténèbres.

Si nous sommes sincères, nous admettons que notre vie semble rapetisser avec l'âge. Les amis se font plus rares, nous avons de moins en moins d'activités, nous prenons de moins en moins de risques. Pourquoi ? Pourquoi nos possibilités d'expériences nouvelles et stimulantes doivent-elles diminuer avec le temps qui passe ? Pourquoi, si nous continuons d'évoluer et de grandir, ne pas rechercher des défis toujours plus grands au lieu de nous efforcer de les éviter ? Cette vie qui se rétrécit peu à peu serait-elle la conséquence d'un désir inconscient d'éviter, par une situation ou une rencontre inopportune, la fameuse goutte qui fait déborder le vase ?

— Je comprends votre raisonnement mais, comme vous l'avez dit, je ne crois pas que cela me concerne.

— Êtes-vous disposé à vous en assurer ?

— Naturellement.

— Bien. Vous arrive-t-il de vous fâcher ou d'être anxieux ?

— Oui, mais quel rapport avec le fait de s'écrouler ?

— Voyons. Qu'est-ce qui suscite cette colère ou cette anxiété ?

— Elles se produisent quand les choses ne vont pas comme je le souhaiterais.

— En d'autres termes, vous vous êtes fait une idée de ce qui devrait être, et quand la vie ne se conforme pas à vos attentes, vous adoptez une attitude négative.

— Oui, c'est bien ça. À quoi voulez-vous en venir ?

— Réfléchissons, voulez-vous ? Vous avez dit que, lorsque la vie n'obéit pas à l'image que vous vous faites de vous-même, de vos rêves de sécurité, de vos relations affectives, ou que sais-je, vous devenez la proie d'un stress ou d'une souffrance parce que vos illusions sont sur le point de s'écrouler ?

— Continuez.

— On voit que votre façon de penser présente vous pousse à croire que votre bonheur futur dépend de ces illusions. Ainsi, quand vos illusions s'écroulent, *vous vous écroulez aussi*.

— D'accord. Mais, dans ce cas, pourquoi la colère et pourquoi l'anxiété ?

— Ce sont des punitions qui font partie d'un réseau subtil de ruses du moi, qui ont deux fonctions mystérieuses et simultanées. Elles veillent d'une part à garder le problème bien vivant, et d'autre part à vous empêcher d'en découvrir la solution.

— Quel est ce problème ?

— C'est principalement un manque de compréhension de votre vrai moi. Vous êtes sur le point de découvrir que vous n'êtes pas la personne que vous croyiez être. Vous ne correspondez à aucune des idées, agréables ou détestables, que vous vous faites à votre sujet.

— Et quelle est la solution ?

— Écroulez-vous !

— Quoi ? Expliquez-vous !

— L'explication vous sera donnée *en en faisant l'expérience*. Mais pour l'instant, voici le sens de cette réponse qui vous surprend : *Ce n'est pas vous qui vous écroulerez*. La personne que vous êtes profondément ne saurait s'écrouler. Ce qui s'écroulera, c'est la maison hantée d'adulation de soi et d'illusions rassurantes où vous croyiez trouver une réponse à la fragilité de votre existence. Ces illusions n'apportent pas de réponse à votre fragilité, puisqu'*elles en sont la cause*.

Comment être heureux sans effort

Avez-vous déjà remarqué combien on peut se rendre malheureux à force de penser qu'on n'est pas heureux ? Si on n'y réfléchit pas, cette idée est logique. Mais en y regardant de plus près, force nous est de constater que se rendre malheureux d'être malheureux, c'est jeter de l'huile sur le feu. Beaucoup de flamme et de fumée, une sorte d'euphorie aussi, mais au bout du compte que des cendres. Voilà pourquoi il est si important de comprendre cette extraordinaire vérité.

On peut se rendre malheureux, mais on ne peut pas se rendre heureux.

Il n'y a là rien de bien surprenant. Nous constatons qu'inconsciemment nous avons forgé notre propre malheur. Nous sommes pour la plupart capables d'admettre que nous nous rendons parfois malheureux sans l'aide de personne. Mais être malheureux n'a rien de bon. Rien ne justifie que nous tolérions une telle souffrance, parce que nous pouvons freiner et même empêcher le malheur que nous nous infligeons, dès lors que nous sommes disposés à en comprendre les causes. C'est pourquoi nous devons chercher à découvrir pourquoi nous ne saurions nous *rendre* heureux, si nous voulons un jour découvrir le bonheur *véritable*.

Hormis l'usage de drogues et d'alcool qui, de toute évidence, ne saurait nous apporter le bonheur, essayer de nous *rendre* heureux exige de nous un effort. Cet effort consiste à concentrer nos forces dans un but spécifique, méthode essentielle quand il s'agit d'obéir à des directives, de construire un édifice, d'ériger une entreprise ou de réussir un plat. Dans le domaine de la création artistique, on peut aussi s'efforcer d'imaginer ou de visualiser de nouveaux concepts ou de nouvelles formes. Mais quand on cherche le bonheur, *aucun effort* n'est valable. Voyons si c'est le cas. Et si ça l'est, nous sommes au seuil d'une découverte encore plus extraordinaire : le vrai bonheur est tout ce qu'il y a de plus simple. Examinons cela de plus près.

Comme nous venons de le dire, l'effort suppose un plan, une idée préconçue. Par définition, un plan sert à la construction de quelque chose.

Dans le cas qui nous occupe, le plan sert à la construction du bonheur. Or, muni de votre plan, de votre idée préconçue de ce que doit être le bonheur, vous recherchez cette idée dans chacune de vos expériences, au lieu de faire vraiment l'expérience de ce que la vie vous donne. Ce douloureux et angoissant processus de comparaison se perpétue à votre insu et détruit tout ce qu'il touche. La vie, qui aurait pu être une série d'heureuses découvertes, n'est plus qu'une suite de désillusions. Réfléchissez : vous ne pouvez pas être déçu de ce que la vie vous donne, si vous n'avez pas déjà en tête une image précise de ce que vous voulez.

Nous pouvons tirer de tout cela la leçon suivante : notre idée du bonheur est le plus souvent la cause même de notre malheur. On ne crée pas son bonheur. Il n'est la conséquence de rien. Le bonheur vient à ceux qui comprennent qu'on ne peut pas plus le conquérir qu'on ne saurait conquérir l'air qu'on respire. Le bonheur fait partie de la vie, et on le trouve en vivant. L'euphorie de l'anticipation n'est pas du bonheur, tout comme le seul arôme du pain chaud n'apaise pas la faim. La quête du bonheur se fonde sur la certitude illusoire que l'on peut posséder le bonheur. C'est impossible. Le bonheur est la manifestation naturelle d'une vie dépourvue de stress, comme le soleil réchauffe naturellement la terre quand les nuages noirs se sont dissipés.

Dix étapes vers une véritable vie nouvelle

Il y a autant de différence entre l'aplomb véritable et l'apparence de sang-froid qu'il y a entre doucement flotter sur la vague et être emporté par les remous du doute. Entre autres principes supérieurs, ceux qui suivent ouvrent la porte d'une nouvelle vie. Adoptez-les.

1. Examinez une situation en y entrant.
2. Soyez aux commandes, pas au cœur de la bataille.
3. Admettez que vous devez vous corriger.
4. Devenez conscient, ne devenez pas fou.
5. Regardez vos peurs en face.

6. Sachez que vos réactions ne correspondent pas à la réalité.
7. Dissipez les ténèbres et dissipez vos peurs.
8. Ne réagissez pas ; soyez vous-même.
9. Le salut sans la connaissance est une illusion.
10. Être heureux signifie se libérer de notre idée préconçue du bonheur.

Chapitre deux

Votre vrai moi est un moi supérieur

Il n'y a rien de mal à réussir. En fait, vaincre est le but de l'existence. Mais si, dans votre quête de succès, vous vous laissiez entraîner fortuitement dans un irrésistible jeu d'adresse où, à votre insu, il vous serait impossible de remporter la victoire, quelle que soit votre habileté ou votre respect des règles du jeu. Un jeu où, au lieu de vous sentir libre d'aller où bon vous semble, vous aviez de plus en plus l'impression de vivre comme un automate, d'être plus frustré qu'épanoui, et de sentir que quelque chose vous pousse à rechercher un succès toujours plus grand.

Et si, comme si cela ne suffisait pas, en regardant autour de vous, vous constatiez que les autres joueurs sont aussi malheureux que vous, et que personne ne gagne jamais la partie ?

Puis, un jour, à votre grande surprise, vous vous rendriez compte que, comme tous les autres joueurs, vous avez été amené par ruse à participer à ce jeu, qui n'est en fait qu'une course folle dont les règles vous permettent de marquer des points, mais jamais de toucher la ligne d'arrivée. Vous pouvez concourir, mais vous ne pouvez jamais remporter de victoire durable et enrichissante.

Cette métaphore jette un éclairage intransigeant sur notre vie présente. Il nous dit pourquoi nos journées nous semblent si futiles et il murmure qu'existe un remède à notre inconfort, un remède auquel nous n'avions jamais songé. La victoire est sans doute possible malgré tout !

Nous commençons enfin à comprendre pourquoi, en dépit de tous nos efforts, nous sommes si souvent perdants dans nos relations personnelles et dans notre travail. Lorsque ces défaites s'accumulent, la vie n'a rien d'un plaisir et tout d'une punition. Nous voulons capituler et nous enfuir, mais c'est impossible. Les règles du jeu qu'on nous a apprises, celles que nous observons, ne prévoient pas, n'admettent même pas que nous puissions abandonner la partie. On se sent prisonnier. Ainsi, peu à peu, comme lorsque la température baisse si lentement qu'on ne s'aperçoit pas du froid qui nous gagne, on finit par capituler sans le savoir. On cesse de compter sur les bonheurs durables qui embellissent la vie, et l'on commence à vivre pour ces rares instants qui nous rendent la partie à peu près tolérable.

Écoutez. *Ne capitulez pas*. Ce n'est pas nécessaire. Vous pouvez gagner la partie. Comment ? Lâchez prise !

Débarrassez-vous de ces idées inutiles et austères selon lesquelles votre vie n'aurait aucun sens si vous n'étiez pas sans cesse engagé dans un conflit ou un autre. Cessez de vous accrocher à ce vieux rêve inutile qui dit que votre vie s'améliorera si vous courez assez longtemps. Elle ne s'embellira pas, à moins que vous ne trouviez exaltant d'être épuisé. Voilà pourquoi nous devons commencer *à regarder les choses en face*.

C'est exact. Lâchez prise. Éloignez-vous. Rien ne saurait vous arrêter. Croyez-moi, ce sera le premier d'une longue série d'actes qui vous conduiront à la victoire. Peu importe la direction que vous prenez : elle est absolument sans importance. Pourquoi ? Parce qu'en s'éloignant du faux on se rapproche du vrai. Il n'y paraîtra pas au premier abord, mais pour la première fois de votre existence, les lois de la vie travailleront *en votre faveur*. Voici comment : c'est en vous débarrassant de ce qui vous ancre au sol que vous vous hisserez. Votre vrai moi est là-haut, au sommet. Ce sommet est votre nouvelle destination. Mais *vous* ne la choisissez pas. Non. Vous vous permettez de monter. Au début, vous en serez déroutés, effrayés même, mais avec le temps vous verrez que c'est un acte naturel.

Apprenez à mettre vos principes de vérité au service des lois de la vie, et laissez-les vous hisser. C'est leur rôle. Quand on cesse d'opter pour la défaite, la victoire vient sans effort. Rien de plus simple. Le philosophe et mystique suisse Henri Frédéric Amiel a compris combien il importait pour nous de nous harmoniser à ces lois. Il dit à quoi ressemble une vie qui serait en désaccord avec elles.

Celui qui se laisse porter par le courant, qui ne permet pas à des principes supérieurs de le guider, qui n'a ni idéal ni convictions — cet homme est... un objet qui se déplace et non pas un être vivant — un écho et non pas une voix. Un homme qui n'a pas de vie intérieure est l'esclave de son milieu, tout comme le baromètre est le serviteur obéissant de l'air.

Vos choix doivent refléter votre moi réel

— Ne me dites pas que je dois tourner le dos à tout ce pour quoi j'ai travaillé toute ma vie !

— Bien sûr que non. Je dis que nous devons examiner de plus près ce que nous appelons notre vie.

— Pour quoi faire ?

— Pour voir si c'est vraiment la nôtre. Une fois que nous savons qu'elle est vraiment la nôtre, nous savons ce que nous devons protéger et garder, et ce dont nous devons nous débarrasser.

— Je comprends l'idée, mais je vois mal comment elle s'applique à moi.

— L'histoire qui suit vous éclairera sans doute. La maman coucou, c'est connu, dépose ses œufs dans le nid d'un autre oiseau pour qu'il les couve. Elle se cache en attendant que l'oiseau qui couve quitte le nid et laisse ses œufs sans surveillance. Elle se précipite aussitôt pour déposer un de ses œufs au milieu des autres, de sorte qu'à son retour, le parent couvera des œufs qui ne sont pas tous les siens. En général, l'œuf de coucou éclôt avant les autres et le jeune coucou pousse les oiselets plus faibles hors du nid. Ainsi, l'oiseau, qui ne s'est pas aperçu de la supercherie, a materné et assumé la responsabilité de ce qui ne lui appartenait pas.

— C'est une belle histoire, mais je ne vois pas très bien où vous voulez en venir.

— Nous aussi, nous avons été amenés par ruse à apprécier une vie qui n'était pas la nôtre, en acceptant une sorte de substitut de nous-mêmes. Toujours avide de sensations, sans discernement, ce moi ne se préoccupe que de ce que nous pouvons lui apporter. Cette ombre de notre moi profond nous a convaincus que ses aspirations et nos besoins sont une seule et même chose. Avec les années, elle a axé tous nos désirs d'intégrité vers l'autogratification et la conservation de soi.

— Voilà pourquoi je devrais me détourner d'une vie qui n'est sans doute même pas à moi. À vrai dire, il m'est souvent arrivé de penser que ma vie ne m'appartenait pas. Cela se peut-il ?

— Oui, nous avons tous eu cette impression un jour ou l'autre. Mais puisque nous n'étions pas en mesure d'en apprécier la gravité, nous l'avons ignorée jusqu'à ce qu'elle s'estompe. Les principes de vérité comme ceux que nous examinerons en détail dans cet ouvrage ont pour but de réveiller ces sentiments oubliés qui remettent notre moi actuel en question. Acceptez le léger bouleversement qu'ils provoquent, même s'ils vous troublent pendant quelque temps. De telles intuitions proviennent de votre vrai moi : il voudrait vous voir cesser d'agir au détriment de vous-même et commencer à vous connaître réellement.

Que les énoncés qui suivent orientent vos choix en direction de votre vrai moi.

1

Le succès que nous recherchons ne saurait conduire à la victoire, car quiconque poursuit le succès est stimulé par des forces qui lui sont extérieures. C'est un esclave, non pas un conquérant.

2

Qui se révèle à soi-même opte pour son vrai moi.

3

Si le succès se mesure au bonheur personnel, tout ce qui occasionne de la souffrance ne saurait en faire partie.

4

Souffrir maintenant pour être heureux plus tard est aussi ridicule que se jeter par-dessus bord pour connaître le soulagement du sauvetage.

5

Le désir compulsif ne peut engendrer le plaisir, car tout ce qu'on se croit obligé de désirer nous rend esclave du désir même. Il n'y a rien d'agréable à se laisser manipuler par la vie.

6

Apprenez à tenir compte de tout sentiment qui remet en question votre besoin de souffrir.

7

Vouloir mieux connaître une situation douloureuse équivaut à chercher une façon de s'en détourner.

8

Se détourner des problèmes dont on ne veut pas devient plus facile à mesure qu'on découvre qui on n'est pas obligé d'être.

9

On ne saurait agir au détriment de soi-même sans avoir d'abord appris que ce qui nous fait souffrir est bon pour nous.

10

La vraie certitude est l'absence du faux doute de soi.

Vous n'êtes pas la personne que vous croyez être

À l'occasion d'un atelier que j'animais intitulé « S'affranchir du doute de soi », Pat S. voulait savoir pourquoi un événement inattendu, ou la menace d'un événement inattendu, la bouleversait autant. Ce qui suit regroupe les questions et les réponses clés de la conversation que nous avons eue :

Q : Pourquoi un événement inattendu me désoriente-t-il aussi facilement ?
R : Si vous êtes vraiment curieuse de le savoir, parlons-en. La réponse vous surprendra peut-être.

Q : Oui, je veux vraiment savoir pourquoi les changements qui se produisent dans ma vie, tant au travail qu'à la maison, m'inquiètent autant.
R : Bien. Commençons par corriger l'erreur fondamentale qui est la source de votre problème. Cette personne que le moindre changement imprévu déséquilibre, *ce n'est pas vous*.

Q : Si ce n'est pas moi, qui est-ce ?
R : C'est la personne *que vous croyez être*. C'est cette personne qui se sent menacée, mais rien ne vous oblige, vous, à continuer à avoir peur. Dès maintenant, par une patiente auto-analyse et quelques vérités supérieures, vous pouvez découvrir que vous n'êtes pas la personne que vous croyez être. C'est là une des découvertes les plus enrichissantes que vous puissiez faire sur vous.

Dans notre vie telle que nous la vivons, nous sommes presque toujours inquiets face à ce qui se passe autour de nous. Pourquoi ? Parce que nous croyons encore à tort que *ce qui nous arrive* commande *qui nous sommes*. Ce n'est pas parce que vous avez un mécanicien que vous êtes une automobile. Vous n'êtes évidemment pas votre voiture. Pourtant, trêve de plaisanterie, il n'y a rien de drôle à croire qu'on est perdu lorsque quelqu'un nous quitte. Demandez à quiconque a vécu le cauchemar de voir s'éloigner un être cher. C'est *la raison* pour laquelle nous allons nous détourner une fois pour toutes de ce moi qui se sent menacé. En nous confiant à l'intelligence vraie, nous pouvons nous libérer de ce qui nous a toujours fait peur. C'est vrai. Quel que soit le vent qui souffle — chaud, froid, violent ou doux — peu vous importera, puisque vous vous serez trouvé. Continuons.

Il n'y a qu'une explication au fait que la personne que vous êtes *vraiment* se laisse inquiéter ou atteindre par ce qui vous arrive. Vous êtes tout simplement victime d'une *erreur sur la personne*. Cette crise d'identité vient de ce que vous croyez que la personne que vous êtes, votre moi profond, est liée aux *événements* de votre vie. Une telle façon de penser vous fera appréhender le moindre changement. Quand vous pensez que les événements modèlent votre existence, vous craignez de perdre le contrôle de vous-même si vous perdez le contrôle des événements. Vous chercher hors de vous-même — dans votre carrière, dans vos loisirs, ou dans le regard des autres, qu'il s'agisse de votre famille ou de parfaits étrangers — c'est chercher votre reflet dans les remous d'un torrent de montagne. Vous apercevez votre visage pendant une fraction de seconde, puis il disparaît, vous poussant à l'y chercher encore... et encore... et encore. Cette malheureuse erreur sur la personne vous fait vivre sur les nerfs, à la recherche incessante de vous-même. Votre quête n'a pas de fin car, tout comme le torrent de montagne n'interrompt pas son cours, la transformation est la nature même de la vie.

Souvenez-vous de ce qui suit et efforcez-vous d'en pénétrer le sens: *des événements se produisent dans votre vie, mais vous n'êtes pas ces événements*. Les nuages ne sont pas le ciel, et vous n'êtes pas ce qui vous arrive. Vous n'êtes pas la personne que vous croyez être.

Nous avons vu que le fait de croire que vous et ce qui vous arrive ne faites qu'un, que le fait de vous identifier aux événements qui se produisent dans votre vie donne lieu à une fausse identité, à une personne anxieuse qui manque de sécurité. Cette fausse personne est le faux moi et prend plusieurs aspects. Nous allons l'observer attentivement et puis apprendre à nous en débarrasser. Si vous osez vous libérer de la personne que vous croyez être, vous saurez ce que c'est qu'avoir des ailes. Votre faux moi, très terre à terre, il y a belle lurette qu'il n'a pas été remis en question. Aujourd'hui, à l'instant même, il prend fin, et naît votre moi véritable.

Erreur sur la personne

Un jour, en ouvrant les yeux, un homme ne reconnut pas l'endroit où il se trouvait. Il n'était sûr de rien, sinon d'une vague sensation de vertige. Autour de lui, des miroirs, des placards, des tables couvertes d'un assortiment de fards. L'endroit lui semblait familier, mais que faisait-il là? À mesure qu'il creusait sa mémoire, il se laissait gagner par l'anxiété. De quoi devait-il se souvenir ? Il se trouvait manifestement dans une loge de théâtre, mais quel pouvait bien être son rôle ? À chaque fois qu'il se regardait dans une glace, une douleur le traversait, car il ne reconnaissait pas son reflet. Il se sentit subitement très seul.

Dans sa confusion, il ouvrit précipitamment l'un des placards. Il y trouva un uniforme soigneusement repassé et couvert de médailles, qui devait appartenir à un grand général. L'uniforme lui plut par la force qui en émanait. Si c'était le costume de son personnage ? Il revêtit aussitôt l'uniforme et se posta au garde-à-vous devant un des longs miroirs. Son cœur sombra dans sa poitrine. Un bien beau costume, en effet... qui n'était pas le sien. Il enleva l'uniforme avec beaucoup de réticence, puis il ouvrit un autre placard. Celui-ci recelait un costume de cirque, fantaisiste et très coloré. Il le mit sans perdre une minute. Rien à faire. Outre que le costume n'était pas de la bonne taille, il lui donnait l'air d'un clown. De plus en plus désespéré, il ouvrit un autre placard.

Cette fois, c'était un homme d'État. Dans le placard suivant, un clochard. Il ouvrit de la sorte tous les placards. Rares étaient les costumes à sa taille, et s'ils n'étaient ni trop grands ni trop petits, il ne s'y sentait pas à l'aise. Devant le tout dernier placard, son cœur battit à tout rompre. Devrait-il ou non en ouvrir la porte ? Au moment où il tendait la main vers la poignée, sa tête se mit à tourner, à décrire des cercles qui l'aspirèrent. Il lutta contre l'évanouissement. Il le fallait, car il trouverait sûrement son costume à lui dans ce dernier placard. La porte s'ouvrit. Il demeura bouche bée. Le placard était vide. C'en était trop. Il s'affaissa.

Quand il reprit ses sens, des gens étaient penchés sur lui. Une compresse humide rafraîchissait son front. On lui demandait s'il allait mieux. Il avait un peu mal à la tête. Puis, l'espace d'une seconde, il fut pris de panique au souvenir de sa course inutile d'un placard à l'autre. Tout aussi brusquement, un sentiment d'apaisement le submergea qui mit fin à sa peur. Ce calme perdura. Il se souvint de qui il était. Tout lui revint en mémoire. Plus tôt ce soir-là, tandis qu'il faisait sa tournée des loges avant l'heure d'ouverture du théâtre, il avait perdu pied et heurté sa tête. Le coup lui avait temporairement fait oublier *qu'il était le directeur du théâtre et non un de ses acteurs*.

Cette anecdote nous apprend que l'anxiété, le doute et un tas d'autres sentiments de désespoir se précipitent sur scène, dans la lumière des réflecteurs, quand nous ne connaissons pas notre vrai moi et notre véritable identité. Si nous savons qui nous sommes, les problèmes dus à l'ignorance de ce fait s'estompent. Une calme assurance, une grande sûreté de soi chasse nos peurs.

L'étrange fausse vie de la fausse identité

Un homme qui ne connaît pas son vrai moi ignore aussi qu'il ne le connaît pas. Il ne sait pas qu'il est confus, effrayé et sans cesse à la recherche de lui-même, car il a assumé à son insu une fausse identité.

Ce faux moi provisoire *semble* réel, car l'homme qui se cherche l'anime. Un moi inférieur qui bouge n'est pas forcément vivant. Un bulldozer se déplace, mais il ne comprend pas pourquoi il fonce. C'est une machine. Le faux moi en est une aussi, et de bien des façons.

Le faux moi est nourri par des réactions émotionnelles négatives qui sont à leur tour nourries par des idées fausses. Ces pensées, ces émotions propres à punir n'étant que l'expression de la nature inférieure, elles sont *ponctuelles*. C'est-à-dire qu'elles s'estompent avec l'événement qui leur a donné naissance. Leur affaiblissement s'accompagne de la perte de puissance de la fausse vie du faux moi qu'elles avaient naguère animé.

Le faux moi craignant de mourir, parce que les réactions qui l'avaient animé s'estompent, se voit forcé d'entreprendre un autre cycle de fausse vie. Il ressent le désir et le besoin de nouvelles stimulations et de nouveaux problèmes, et quand il n'en trouve pas, il crée ce qu'il lui faut pour survivre en attendant que les conditions tournent en sa faveur. Le faux moi adore se quereller avec les autres parce qu'il lui importe peu que vous soyez perdant ou victorieux. Puisqu'il se nourrit de votre détresse, pour vivre il lui suffit de se débrouiller pour que vous vous querelliez. En fait, le faux moi est passé maître dans l'art de faire une tempête dans un verre d'eau, car il adore affronter la furie des éléments. Notre triste rôle dans cet affreux cauchemar consiste à accepter l'itinéraire qu'il nous propose, la répétition des mêmes scénarios et des dénouements malheureux. Pourquoi ? Parce que nous avons assumé cette fausse identité qui n'est heureuse que dans le conflit, et nous croyons que si elle meurt, nous mourrons aussi. Rien ne s'éloigne autant de la vérité.

Bien entendu, le véritable problème est que notre niveau spirituel actuel ne sait pas distinguer la route du château de Dracula de celle de Disneyland, et il nous persuade que nous n'avons d'autre choix que céder aux exigences du faux moi. Cela devrait suffire à nous inciter à consacrer tous nos efforts au rehaussement de notre niveau spirituel. Si vous n'êtes pas encore convaincu de devoir vous mettre au travail, puisse l'idée élaborée ci-après vous inspirer des actions supérieures. Croire que la mort de ce moi anxieux signifie votre mort à vous, c'est, comme le dit si bien Vernon Howard, croire que si l'orage prend fin le ciel disparaîtra.

Le ciel est éternel. Votre vrai moi aussi.

Apprenez à voir clair dans les reproches

Ne croyez-vous pas qu'un véritable ami ne vous voudrait jamais de mal ? Ne croyez-vous pas aussi que si un ami en qui vous avez confiance vous mentait, vous cesseriez d'avoir confiance en lui, du moins s'il vous ment trois, quatre ou cinq fois ? Si vous me bernez une fois, c'est votre faute. Si vous me bernez deux fois, c'est ma faute. Pour les besoins de notre propos, permettez-moi d'ajouter : si vous me bernez sans arrêt, il est clair que je ne sais pas reconnaître un mensonge quand j'en entends un. Voilà le nœud de l'affaire.

Les pensées et les émotions qui nous sont familières et *auxquelles nous avons cessé de porter attention* nous mentent sans répit. Cette extraordinaire révélation peut nous aider à comprendre pourquoi nous connaissons si souvent des expériences douloureuses qui nous inspirent le commentaire suivant : « Comment ai-je pu me mettre dans d'aussi beaux draps ? » Cela vous dit quelque chose ? C'est normal. Pourtant, si la réponse à cette déplorable question devrait nous inciter à éviter que cela se reproduise, c'est rarement le cas. Il est très important que nous l'admettions : nous retombons toujours dans les mêmes erreurs. Pourquoi ?

La vraie réponse à cette question vous surprendra sans doute. Si nous n'avons pas encore été en mesure d'effectuer le grand sauvetage, si nous nous laissons sans cesse reprendre au même piège, c'est parce qu'en voulant savoir comment nous en sommes encore arrivés là, nous répondons aussitôt à notre propre question. Et le cycle s'enclenche de nouveau. La répétition du motif n'est pas nécessaire. En y regardant de plus près et grâce à quelques idées supérieures, nous voyons bien que nous ne pouvions pas trouver la « réponse » que nous avons trouvée. Pourquoi ? Voici pourquoi nous répétons toujours les mêmes erreurs : si nous connaissions *réellement* la solution à notre problème récurrent, nous n'en serions jamais devenus victimes !

— Je reconnais m'être souvent trompé, mais ce que vous dites est extraordinaire. Si je ne trouve pas en moi ces réponses erronées, d'où me viennent-elles ?

— Toute mauvaise réponse vient du faux moi.

— Mais pourquoi ? Enfin, quelle peut bien être sa motivation ? Pourquoi me ment-il ?

— Mettez-vous à sa place.

— C'est-à-dire ?

— Soyez attentif. Vous verrez qu'on prétend que quelque chose ou quelqu'un d'autre est responsable de notre malheur.

— Qu'est-ce qui cloche dans cette réponse ?

— Tout. Vous n'avez rien à gagner à rendre les autres ou l'univers responsable de vos malheurs. Votre faux moi cherche à vous faire croire que c'est le cas, car s'il y parvient, vous n'aurez d'autre choix que passer votre vie à vous débattre. Sa victoire est là. D'abord il vous pousse à la dérive, puis il vous convainc d'en accuser les vents contraires. Votre déséquilibre et votre mauvaise orientation sont la clé de sa survie.

Apprenez à voir clair dans le jeu des reproches en renonçant à l'abnégation familière que vous dicte votre faux moi. Soyez maître de votre propre vie. L'exercice suivant vous aidera à guérir.

Pour devenir vraiment maître de vous-même, arrêtez-vous, regardez, écoutez

S'il le pouvait, le voleur qu'on vient d'arrêter pointerait volontiers le doigt dans la direction d'un homme en train de courir en disant: « C'est lui le vrai coupable ! » Et voilà comment les crimes réels du faux moi ne rencontrent aucune résistance. Voilà pourquoi, pour arrêter le criminel qui nous vole notre vie intérieure, nous devons NOUS ARRÊTER, REGARDER et ÉCOUTER. Cet exercice pour atteindre la maîtrise de soi est ce qui mettra fin aux réponses secrètes et aux agissements du faux moi.

La prochaine fois que vous serez anxieux ou craintif face à un problème, avant de faire quoi que ce soit d'autre : ARRÊTEZ-VOUS, REGARDEZ et ÉCOUTEZ. Songez que le faux moi n'est jamais loin quand vous n'êtes pas en forme. Il sait pertinemment que s'il vous pousse à courir dans la direction de son choix, vous vous laisserez emporter par l'élan. Voilà pourquoi il faut avant tout que vous VOUS ARRÊTIEZ. Défiez les vivats intérieurs qui vous poussent en avant. Ne les laissez pas prendre le dessus sur vous. Ce ne sont que des bruits néfastes. Traitez-les comme tel.

Ensuite, REGARDEZ. Mais soyez sûr de regarder dans la bonne direction. C'est très important. *Regardez en direction de ce qui vous parle, ne regardez pas dans la direction qu'on vous indique*. Ainsi, on ne vous persuadera plus jamais de vouloir décrocher la lune. Soyez très attentif. Si l'objet de votre attention est un sentiment d'anxiété ou de souffrance, reconnaissez tout bas qu'aucun état d'esprit négatif ne mettra fin de lui-même à sa propre existence. Vous serez ainsi mieux en mesure de passer à la troisième et dernière étape.

ÉCOUTEZ. Si vous avez franchi correctement les deux premières étapes, vous verrez le faux moi se mettre en colère. Laissez-le faire. *Il ne peut rien d'autre*. Il est sans pouvoir. Toute sa force résidait dans votre ignorance du peu de pouvoir qu'il détenait en réalité. Ne bougez pas, soyez intérieurement alerte et attentif. Vous avez joué votre rôle. Par le passé, vous auriez laissé ces sentiments négatifs vous guider, mais maintenant vous voyez clair dans leur jeu. Avec le temps, leur rugissement ne sera plus qu'un murmure, puis il se taira complètement.

Vous savez maintenant que vous avez remporté votre première victoire réelle sur vous-même. Vous avez enfin déposé votre trésor à la banque, celle de la connaissance du moi. Sachez que vous y avez ouvert un compte à intérêt élevé. Le plus élevé de tous.

Qu'en est-il de votre problème ? Vous constaterez à votre grand soulagement qu'il ne ressemblait en rien à ce que votre faux moi cherchait à vous faire croire. Le problème que vous devrez maintenant résoudre — si tant est qu'il y en ait encore un après que vous ayez vaincu et éjecté votre moi inférieur — n'a rien du géant menaçant qui vous avait traqué. Si le faux moi est capable de ténèbres terrifiantes, vous pouvez en revanche faire beaucoup de lumière. La partie est à vous.

Pour vraiment vous sauver, lâchez prise

Cela tombe sous le sens. Si nous fuyons quelque chose, ce qui nous porte secours ne doit pas ressembler à ce que nous fuyons. Autrement dit, on ne saute pas sur le dos d'un tigre pour échapper à un lion. Le lièvre terrorisé qui fuit le renard se croit sauf entre les pattes du coyote. On voit bien que si nous cherchons désespérément à fuir un problème, notre tendance est de nous jeter dans un problème identique.

Nous savons donc que le secours ne peut venir que d'un plan supérieur à celui du problème que nous fuyons. Nous savons aussi que nous ne saurions trouver de vraie solution ailleurs qu'*en nous-mêmes*. Or, comment réconcilier ces deux notions en apparence contradictoires : le secours en provenance d'*en haut* et la solution en provenance du *dedans* ? La réponse vous surprendra. *En haut* et *en dedans* sont une seule et même chose quand il s'agit de secours supérieur.

Le lieu d'origine du vrai secours, c'est le vrai moi ou la nature supérieure. Si vous préférez, c'est Dieu, la vérité, la réalité. L'appellation n'a aucune importance, car ce n'est pas le nom que nous donnons à notre faculté de nous aider nous-mêmes qui lui confère son pouvoir sur le conflit douloureux auquel nous sommes confrontés. Sa force lui vient de sa situation élevée, au-dessus et en dehors de la sphère d'influence du faux moi. Cette intelligence vraie et bénéfique devient vôtre, dès lors que vous résistez à l'envie de vous porter secours tout juste assez longtemps pour lui démontrer que vous avez besoin de compréhension et non de stratégies guerrières. Si vous vous abandonnez provisoirement de la sorte, si vous observez en toute conscience et interrompez les jeux d'influence et les agissements du faux moi en refusant de lui obéir, vous permettez à l'intelligence vraie de combler les vides et de vous guider.

Tout le monde sait qu'un bon général planifie bien sa stratégie pour conserver l'avantage. Le même principe s'applique lorsqu'il s'agit d'abandonner la personne que *nous ne sommes pas*.

Dans notre lutte avec le faux moi, nous ne remportons pas la victoire en le fuyant ou en luttant corps à corps avec lui, mais en prenant du recul. Nous voyons alors que nous lui avons attribué un pouvoir qu'il n'a pas.

Vous constaterez un jour avec joie que votre fausse identité ne peut pas vous faire souffrir si vous ne lui en fournissez pas les moyens. Ce concept soulève toujours des tas de questions dans mes classes. Voyons un exemple que j'ai récemment donné à un de mes étudiants. Jack disait être la proie de ses pensées et de ses sentiments d'anxiété jusque dans son sommeil. Il cherchait à en comprendre les raisons. « Comment est-il possible, si l'on en croit les principes supérieurs que vous décrivez, que des émotions dévastatrices puissent être à la fois si envahissantes, si violentes et si impuissantes ? » Voici comment nous avons résolu cette apparente contradiction, et comment Jack a vraiment pu se porter secours.

Deux univers, deux natures, deux moi

La chaleur torride du sud-ouest américain peut être phénoménale. Elle peut fendre les pierres, sculpter la terre et provoquer des émanations thermales hautes de plusieurs milliers de mètres. Un avion supersonique danserait comme une feuille emportée par le vent dans un courant aussi gigantesque. Ça, c'est du pouvoir. Toutes les créatures de cet univers stérile obéissent à ses lois ou périssent.

Mais à peine plus à l'ouest et au nord des grands déserts, au-dessus de ces régions arides, se dressent de majestueuses montagnes couvertes de forêts et couronnées de neiges éternelles. La chaleur torride ne fouette pas ces paysages aériens ni ne dérange leur millénaire et calme souveraineté. Ici, il y aura toujours de l'eau fraîche en abondance.

Où veux-je en venir ? La force destructrice du désert n'est plus rien, pas même un souffle, sur les versants de ces montagnes. Pourquoi ? Parce que la nature même du désert est étrangère à la montagne.

Il est vrai que, géographiquement, désert et montagne se côtoient souvent, sans pourtant rien avoir en commun. Leurs natures sont entièrement différentes. N'est-ce pas intéressant ? Regardons cela de plus près ; nous verrons bien où cela nous conduira. Assurément, vers le haut.

Nous savons que la chaleur de la vallée n'atteint pas les cimes. Les montagnards n'ont jamais trop chaud. Mais, de temps à autre, l'eau glacée et pétillante de la fonte des neiges s'écoule jusqu'au désert. Cette abondance saisonnière y stimule la vie. En réalité, il arrive souvent que la vie du désert dépende de cette irrigation occasionnelle. Bref, la nature élevée de la montagne peut s'abaisser jusqu'au désert pour lui apporter la vie, mais la nature inférieure du désert est sans effet sur la montagne.

N'oublions jamais cette dépendance fondamentale, car elle nous révèle beaucoup plus que le simple rapport de forces qui anime l'univers qui nous entoure. Cette image en dit long également sur les mondes qui nous habitent et sur le fait que rien ne saurait nous empêcher de nous hisser à un niveau spirituel supérieur et plus heureux. Voici pourquoi.

Tout comme la montagne et le désert, nous possédons deux natures distinctes qui habitent des univers diamétralement opposés. Ce sont le vrai moi et le faux moi. Nous connaissons déjà suffisamment le faux moi pour dresser des parallèles entre sa nature et celle du désert. Le faux moi n'est rien d'autre qu'un ensemble hétéroclite de formes provisoires sculptées dans les sables à jamais changeants de nos pensées, de nos sentiments et de nos doutes. Cette nature torturée par les vents et les morsures ignore *tout* ce qui n'est pas elle. Elle ignore tout de la majestueuse montagne du vrai moi. Tout comme un insecte des climats chauds ne sait rien des glaciers, le faux moi ne saurait sortir de son propre domaine. Il n'a de pouvoir que sur ces choses qui, par nature, sont destinées à vivre dans son univers.

Plus nous sommes capables de voir la vérité à l'œuvre dans l'un ou l'autre de ces deux univers, plus notre volonté de fuir le désert d'en bas pour escalader notre moi réel et souverain s'en trouve stimulée et renforcée. Le nouveau courage qui nous anime ne nous appartient pas vraiment, il provient du fait que nous constatons peu à peu que le faux moi n'a de pouvoir que dans les limites de son propre univers. Pourquoi une tempête de sable inquiéterait-elle les grands pins de la montagne ? Elle ne le peut pas. Voilà. Rien ne nous empêche de nous hisser jusqu'au sommet.

Méditez les pensées supérieures contenues dans ce chapitre pour entreprendre votre ascension au sommet de vous-même.

1. Notre faux moi n'a de pouvoir sur nous que si nous consentons à vivre sous sa domination.
2. Plus le faux moi est en butte à la réalité, plus il s'avive.
3. La différence entre sentir qu'on est quelqu'un et être quelqu'un ressemble à la différence entre le désert et la montagne.
4. Atteignez les sommets en refusant de vivre en bas.
5. Le faux moi adore construire sur des sables mouvants pour ensuite se plaindre qu'il s'enfonce.
6. Votre montagne personnelle, votre nature supérieure, ne ressent pas le besoin de se hisser : elle est déjà au sommet.
7. Sentir que vous êtes quelqu'un de spécial parce que les autres ou les événements vous ont rehaussé, c'est vivre dans un château de sable au bord de la mer.
8. Pour le faux moi, vaincre c'est perdre ; voilà pourquoi il veut chaque jour combattre la réalité.
9. Le faux moi, c'est rien qui croit être quelque chose ; le faux moi, c'est personne qui croit être quelqu'un.
10. Veillez sur le vrai, et un jour, le vrai vous révélera les trésors qui vous attendent au sommet.

Chapitre trois

Comment triompher de ce qui vous abat

En tant qu'individus, notre pire ennemi est la recherche frénétique d'apaisement. Notre temps serait mieux employé si nous cherchions frénétiquement la force. Surpris par l'orage, pourquoi vouloir trouver un abri au pied de la montagne quand nous pourrions utiliser cette énergie à escalader la montagne jusqu'en haut ? À vous de choisir. Vous pouvez trembler de peur au fond de votre caverne, ou vous pouvez vous hisser au-dessus de l'orage qui s'abat sur la vallée. Nous commettons l'erreur de vouloir affronter la douleur et en tirer le meilleur parti possible plutôt que d'apprendre à y mettre fin. Nous qui ne tolérerions jamais une dictature, pourquoi tolérons-nous nos tyrans intérieurs, y compris leur chef, ce grand dictateur, notre faux moi ? Ce n'est pas nécessaire. Nous devons nous révolter, et la révolte conduit très certainement à la victoire. Mais cette révolte doit être intelligente. Ne perdez pas votre temps à monter un coup d'État au travail ou à la maison. Ne vous préoccupez pas de vos relations personnelles : le problème n'est pas là. Si vous voulez jouir d'une vie heureuse et en tout point réelle, votre façon de penser actuelle est le seul et unique adversaire que vous devriez renverser. Comme vous le verrez bientôt, ce n'est pas aussi difficile qu'il paraît.

Comme premier pas dans ce putsch qui a pour but de vous rendre la vie qui vous appartient, vous devez apprendre ce que signifie réfléchir *sur* vous plutôt que réfléchir *en fonction* de vous. Autrement dit, quand vous apprenez à réfléchir à votre façon de penser, le recul que vous prenez vous permet de remettre en question la pertinence de cette façon de penser. C'est là une preuve très grande d'intelligence, car le fait de penser *en fonction* de vous permet à des idées irréfléchies de se précipiter et de se transformer en actes. Le fait de dire oui quand on pense non, ou vice versa, est un petit mais douloureux exemple de ce qui nous arrive quand nous ne réfléchissons pas à nos pensées et à nos sentiments avant de parler. Il s'ensuit presque toujours du ressentiment. Et, comme nous l'avons vu, un des buts premiers du faux moi est de vous faire croire qu'il veut ce que vous voulez.

Dans ce cas précis, le faux moi adore éprouver du ressentiment. En vouloir à quelqu'un lui est aussi agréable que s'offrir une luxueuse croisière, car il peut ruminer sans cesse son naufrage, un naufrage qu'il a été seul à provoquer, mais dont vous ramassez les débris. Vous voyez qu'il peut vous être très profitable de remettre vos idées en question. Tout comme vous n'achèteriez pas une pochette remplie de diamants sans vous être au préalable assuré de la crédibilité du marchand et de la qualité des pierres, de même vous ne devriez pas accorder foi à vos pensées ou à vos sentiments sans d'abord en avoir vérifié l'authenticité et vous être assuré qu'ils sont vôtres ! Cette notion ne devrait pas vous étonner. Je vais vous démontrer comment nous pensons que nous sommes en train de réfléchir, alors qu'en réalité ces pensées que nous croyons nôtres sont des contrefaçons sans aucune valeur.

Sortez de votre sommeil psychique

Nous sommes certainement tous d'accord pour dire qu'aucun homme ou aucune femme ne saurait, en conscience, se rendre délibérément malheureux. Notre consensus là-dessus est très important. Personne ne choisirait de souffrir. Pourtant, nous nous infligeons tous des souffrances quand nous cédons à un mouvement de colère, ou à des moments de dépression ou d'angoisse. Il n'y a aucun doute que la peur et l'inquiétude affectent tous les secteurs de notre santé physique et mentale. Les personnes intelligentes et conscientes ne se causeraient jamais volontairement de préjudice, pourtant c'est précisément ce que nous faisons chaque jour de notre vie, d'une manière ou d'une autre. Comment mettre fin à une telle contradiction ? Il n'y a qu'une conclusion possible ; nous devons examiner clairement la situation.

Nous sommes inconscients, tout en étant persuadés que nous sommes *conscients* ! En d'autres termes, quand nous nous trahissons de la sorte ou que nous trahissons les autres par nos états d'esprit négatifs, nos yeux ont beau être grands ouverts aux sensations qui nous traversent, nous ne nous rendons pas compte du mal que nous nous infligeons, sans quoi nous ne le ferions pas. Nous nous sommes éloignés (je vous dirai plus tard comment) de l'intelligence véritable qui, au fond de nous, possède assez de sagacité pour ne pas s'infliger de châtiment. Il n'existe *aucune* justification, je le répète, aucune justification intelligente à la souffrance. Laissez seulement cette notion extraordinaire vous pénétrer de sa sagesse et, un beau jour, votre nouvelle compréhension vaincra tout ce qui jusque-là vous avait abattu.

Vous voici arrivé à un moment crucial de votre examen de conscience. Vous touchez l'objectif que nous vous avions fixé. Vous êtes sur le point de remporter le prix qui accompagne toujours la persistance dans l'évolution intérieure. Si la véritable intelligence est incapable de se faire du mal, comment peut-on dire de toute idée génératrice de stress qu'elle est intelligente ? Nous ne pouvons manifestement pas y voir une preuve d'intelligence, à moins de souhaiter continuer à abaisser le niveau de notre réflexion.

Résumons. L'intelligence ne cherche pas à souffrir. Pourtant, nous avons bien démontré que nous souffrons. Cela signifie qu'une intelligence contrefaite nous a été donnée sans que nous nous en apercevions, et que nous avons confondu sa façon de penser avec la nôtre. Il n'y a qu'un moyen pour qu'une telle substitution ait lieu à notre insu. Quand nous nous laissons si volontiers envahir par l'inquiétude, notre conscience, notre perception de nous-mêmes, s'endort. Au cours de cet étrange sommeil psychique, nous rêvons que nous sommes éveillés. Voyez-vous la solution à cette situation dramatique ? Puisque notre inconscience est notre seul problème, la conscience est notre seule solution. Tant que la dupe croira qu'un des auteurs de cette supercherie lui vient en aide, la duperie perdurera. Voyons cela sous un autre angle.

Si vous ne pouvez pas *trouver* une solution, vous pouvez *voir* le chemin ouvert devant vous. C'est dans cette vision intérieure que gît votre salut. S'éveiller à soi-même, c'est se libérer de toutes les pensées et de tous les sentiments négatifs qui vous dictaient comment remporter la victoire.

Comment se libérer des pensées et des sentiments négatifs

— Je commence à voir clair dans tout cela, et malgré tout, je ne comprends pas comment le fait de *percevoir* les pensées ou les sentiments négatifs que j'héberge me libérera de leur emprise. Ils sont si forts !

— Bons ou mauvais, vos sentiments ne sont pas maîtres de votre vie ; ils n'en sont que des moments.

— Cela aussi est clair, mais comment puis-je me libérer de leur entrave ?

— Vous vous libérez de l'entrave de vos pensées et de vos sentiments malheureux en constatant que vous ne leur appartenez pas, peu importe que vous le croyiez sur le moment. Ils n'occupent votre territoire intérieur que provisoirement. Si vous arrivez à saisir cette importante nuance, votre attitude envers tout élément stressant qui cherche à vous intimider et à prendre le contrôle de votre vie en sera aussitôt transformée. L'intelligence vraie n'a aucun pouvoir en dehors de son domaine propre. Si vous en venez à vous appartenir — c'est là l'unique but de notre passage sur terre — rien ne saurait vous persuader que vous appartenez à quelqu'un ou à quelque chose d'autre. C'est cela, le véritable pouvoir.

Vous pouvez être absolument certain que ces idées, ajoutées à une persistante auto-analyse, vous révéleront peu à peu que le faux moi n'est rien d'autre que la voix d'une ombre. Son rôle principal est de vous faire croire que vos problèmes sont différents de ce qu'ils sont en réalité. Elle exerce son plus grand talent dans les effets spéciaux. L'exemple suivant vous aidera à mieux comprendre les merveilleuses idées libératrices dont je viens de parler.

Vous souvenez-vous du *Magicien d'Oz* ? Lors de leurs premières rencontres avec le magicien, Dorothée et ses sympathiques amis n'étaient-ils pas terrifiés ? Quand le magicien parlait, sa voix résonnait comme le tonnerre dans le grand hall ! Le petit groupe d'amis qui se tenaient là tout tremblants croyaient le terrible magicien capable de cracher des lames de feu et de la fumée ! Il leur parut surhumain, à l'égal d'un dieu. Jusqu'à ce que Toto, le chien de Dorothée, tire un rideau derrière lequel se tenait un étrange petit bonhomme devant une console très élaborée. Peu importe qui il était, l'étrange petit bonhomme manipulait fébrilement des boutons et des leviers en parlant sans répit dans un microphone. Il pressait un bouton ou tirait une manette, et aussitôt flammes et fumée se répandaient dans le grand hall. Il parlait de sa petite voix dans le microphone, et la terrible voix du magicien se répercutait dans toutes les pièces, répétant exactement les mots qu'il prononçait. Dorothée comprit que le grand « magicien » n'était qu'une projection du petit bonhomme dissimulé derrière le rideau.

Le petit bonhomme était si concentré sur sa performance qu'il ne vit pas qu'on avait découvert sa supercherie, jusqu'à ce que Dorothée lui dise d'y mettre fin. Et tandis qu'elle se tenait là, scandalisée d'avoir été ainsi bernée, *au même moment*, elle comprit qu'elle n'avait plus aucune raison d'avoir peur ou d'être bouleversée. Le spectacle était terminé ! Cette constatation la libéra.

Vous connaîtrez le même soulagement quand vous ouvrirez le rideau mental si désespérément maintenu fermé par le faux moi.

Donnez un dénouement heureux à l'histoire de votre vie

Nous avons tous vu au cinéma de ces incroyables scènes de naufrage où le navire en train de sombrer est la proie des flammes. Les femmes et les enfants crient et pleurent, et il y a toujours un personnage qui, ayant caché de l'or et des bijoux dans sa cabine, n'est pas du tout disposé à les abandonner. Il y retourne donc, il bourre ses poches de bijoux et de pièces d'or, glisse les chaînes en or autour de son cou. Mais parce qu'il arrive trop tard aux canots de sauvetage, il se jette à l'eau et il sombre, comme le roc qu'il est devenu, emporté par le poids des bijoux.

Cette histoire montre comment un homme devient sa propre victime. Bien sûr, c'est du cinéma, et qui sait, sans doute méritait-il son sort. Néanmoins, personne ne décide consciemment de perdre, surtout de perdre sa propre vie.

En regardant une telle scène, on se dit: « Comment peut-on être aussi stupide ? » Après tout, nous disons-nous, confortablement assis dans un fauteuil de notre salon, qu'est-ce qui compte le plus quand le bateau coule ? Un canot de sauvetage gonflé d'air ou une veste alourdie d'or et d'argent ? Nous ne commettrions jamais une telle erreur, n'est-ce pas ? Voyons si notre certitude survivrait à un examen honnête. Qu'en est-il de ces naufrages quotidiens faits d'angoisse, de dépression et de colère, ces crises où nous sommes emportés par des vagues de pensées et de sentiments malheureux ? Pourquoi sombrons-nous si facilement après avoir heurté un écueil inattendu ? Vous serez surpris de constater que les forces qui desservent ce naufragé sont les mêmes qui vous desservent, vous. Mais comme vous le découvrirez bientôt, vous détenez un pouvoir beaucoup plus grand que n'importe laquelle de ces forces autodestructrices. Quand vous en aurez pris les commandes, aucune tempête intérieure, aucun stress n'aura raison de vous. Retournons un peu en arrière et concédons ce pouvoir à notre naufragé de tout à l'heure. Nous verrons comment son histoire et sa vie en seront transformées.

Retrouvons-le au moment où, désespéré, il se met à courir vers sa cabine pour récupérer son trésor. La lueur rouge des lampes de secours et la fumée épaisse font que les numéros de porte sont pratiquement invisibles. Sa terreur et son désespoir croissent de seconde en seconde. Puis, soudainement, l'angoisse le quitte. Calmement, délibérément, il retourne aux canots de sauvetage rejoindre les autres passagers en laissant son trésor derrière lui. Que s'est-il passé ? Qu'est-ce qui a si complètement changé la fin de notre histoire ? Quelle force charitable s'est donc exercée, poussant l'homme à se sauver lui-même au moment où il était décidé à accomplir un acte qui lui aurait coûté la vie ?

À ce moment critique, tandis qu'il prenait l'une après l'autre toutes les mauvaises décisions, l'homme de notre histoire *s'est réveillé*. Il s'est vu tout à coup à l'endroit exact où il se trouvait. Sa prise de conscience rédemptrice lui fit immédiatement comprendre la précarité de sa situation et lui suggéra une issue plus sensée. Il fut surpris de constater en même temps que ses propres pensées l'avaient aveuglé. Ses *pensées* ne se préoccupaient pas de lui, elles ne songeaient qu'à elles-mêmes ! Cet éclairement subit lui permit de lâcher prise et d'abandonner le navire. Il survécut, et il amassa peut-être un autre trésor.

Le dénouement maintenant heureux de notre histoire nous donne un premier aperçu de l'instrument indispensable à notre sauvetage. Ce principe énergique, cette action supérieure, c'est l'autosurveillance.

Conscience supérieure et autosurveillance

Vous souvenez-vous de ce que nous avons dit à propos de l'intelligence vraie et du fait qu'un individu ne saurait en toute conscience se blesser délibérément ? L'autosurveillance est ce qui nous permet de demeurer vigilants. C'est par elle que nous restons à l'affût des pensées et des sentiments qui nous traversent. En nous observant de la sorte, nous permettons à notre intelligence naturelle, à notre nature supérieure, de régner sur les pensées et les sentiments artificiels de notre nature inférieure autodestructrice.

L'autosurveillance vous permet de comprendre ce qui se passe en vous plutôt que d'en être l'esclave et la victime, car ce nouveau point de vue vous confère une grande capacité de détachement. Dans votre refuge intérieur, vous ne pouvez vous tromper, car il n'y a là ni passé ni avenir, seule la *liberté* d'opter pour *l'intelligence*. L'intelligence ne peut être victime de la force d'attraction des désirs. L'observateur muet ne réfléchit pas. Il *voit*. Cela est très important. Pendant que vous vous surveillez, vous n'êtes pas concentré sur vous-même. La conscience supérieure issue de l'autosurveillance multiplie vos options, car de votre nouvelle position élevée vous voyez le terrain dans son ensemble et vous distinguez clairement tous les joueurs. La concentration sur soi, au contraire, vous place sur le terrain même où non seulement il vous est impossible de bien voir tous les joueurs, mais encore ceux que vous voyez se jettent en général sur vous, vous bousculent et vous déséquilibrent, vous faisant perdre de la sorte tout sens de l'orientation. Toute la question est là : mettez fin à la course et à la bousculade. Commencez à observer.

Rien ne facilite autant la transformation de soi que l'auto-surveillance, car cette vision intérieure peut à elle seule vous aider à vous connaître. Un être libre donne libre cours à sa nature supérieure. Là-haut, vous pouvez jouir de la liberté résultant de votre abandon du faux moi. Votre nature supérieure est au-dessus de vous. Allez-y. Laissez-la vous guider vers votre vraie demeure, tout au fond de vous-même.

Si vous persistez dans cet éclairement personnel, si vous vous efforcez de vous hisser dans les gradins et de ne pas participer à la bousculade, sur le terrain, les côtés négatifs de votre vie intérieure vous affecteront de plus en plus. C'est bon signe. Cela montre que vous faites des progrès. Appliquez les principes que vous avez appris à ces bouleversements eux-mêmes. Ce tumulte, c'est le faux moi qui cherche à vous convaincre de redescendre sur le terrain, et de vous joindre une fois encore à la mêlée. Restez là-haut, à votre poste d'observation dans les gradins. Ne vous laissez pas distraire par ce que vous voyez. Rappelez-vous que la lumière ne saurait craindre les ténèbres, et que tout ce qui vous fait peur provient des ténèbres. Vous n'avez qu'à faire de la lumière. Elle se chargera du reste.

Récapitulons ce merveilleux principe. Quand vous adoptez ce nouveau point de vue de vous-même, tout en étant conscient de votre être physique vous observez vos pensées et vos sentiments sans permettre à vos vieilles habitudes de s'interposer et de porter un jugement sur vous. Autrement dit, l'autosurveillance vous permet d'être totalement conscient sans toutefois être préoccupé de vous-même. De ce point d'observation psychologique très particulier, vous vous détachez sans effort de toutes vos inquiétudes, car lorsqu'elles surgissent, vous n'estimez pas qu'elles font partie de vous, vous voyez plutôt en elles une chose extérieure à vous qu'il vous est possible d'observer froidement.

Au début, cette expansion de votre conscience de soi vous paraîtra sans doute trop complexe à réaliser d'un seul coup. Mais je vous assure que ce n'est pas le cas. Une fois qu'on en a pris l'habitude, l'autosurveillance n'est pas plus difficile que de s'asseoir pour regarder tranquillement un jongleur de cirque. Il s'amuse sans doute à lancer dans les airs et à rattraper six ou sept objets différents, mais *cela ne vous inquiète pas*. Regarder ne demande aucun effort. Vous jouissez tout simplement du spectacle. Parlant de spectacle, vous serez heureux d'apprendre que rien ne tire plus vite le rideau sur le faux moi que cette attention spéciale qu'on lui porte. Vous verrez que l'autosurveillance est à notre nature inférieure ce que la lumière du jour est à une chauve-souris vivant au fond d'une grotte. Tout comme la chauve-souris ne supporte pas la lumière crue du soleil, ainsi le faux moi ne saurait survivre dans la lumière que projette sur lui cette conscience rédemptrice.

Le travail sur soi est la récompense du moi

Nous ne devons jamais perdre de vue que le seul travail auquel nous puissions nous consacrer, dont les effets perdurent, c'est le travail sur nous-même. Nous avons été conditionnés à croire qu'une chose n'a de valeur que si cette valeur est reconnue par autrui. Ce raisonnement nous incite à vouloir plaire aux autres, en même temps qu'il nous convainc de ne pas nous engager dans la merveilleuse exploration de notre être profond.

Notre souci des apparences nous persuade que tous nos efforts ont été vains si personne ne se rend compte des efforts que nous déployons ou n'entérine nos découvertes intérieures. Rien ne s'éloigne davantage de la réalité. Le travail sur soi est la vraie récompense du moi. C'est la marque d'une nature supérieure authentique. Toujours présente mais encore loin de sa réalisation, votre nature supérieure est satisfaite d'elle-même et ne requiert rien que sa propre élévation pour jauger sa bonne fortune. Cette exaltation intérieure, qui engendre la vraie libération du moi, existe déjà en vous. Ce n'est pas quelque chose que vous devez ajouter à ce que vous portez en vous-même, puisqu'elle vous appartient depuis toujours. Ainsi, la vraie récompense n'est pas quelque chose d'acquis, mais un accomplissement.

— Si donc on ne peut se concéder à soi-même la victoire, comment peut-on être victorieux ?

— Vous devez cesser de penser en termes de commencements et d'aboutissements, de succès et d'échecs. Envisagez tout ce qui traverse votre vie comme un *apprentissage*, non pas comme une *démonstration*.

— Comment cela peut-il conduire à mon épanouissement personnel ?

— En abordant la vie de cette façon, vous ne perdrez plus d'énergie à vous démener pour faire vos preuves, aux yeux des autres et à vos propres yeux. Votre énergie peut servir à de plus grands desseins qui vous aideront à admettre que vous vous accrochiez obstinément à des idées et à des convictions destructrices.

— Ce n'est rien de bien agréable à admettre !

— Des amas de nuages noirs s'amoncellent souvent juste au-dessous des plus hauts pics montagneux. Il faut traverser ces nuages pour conquérir les cimes. Ensuite, le panorama vous appartient.

— Je crains de manquer de courage.

— Le courage n'est pas nécessaire. Il suffit de vouloir voir. Si vous faites votre part, qui consiste à vous révéler à vous-même, votre nature supérieure vous donnera toute la force dont vous pourriez avoir besoin. C'est cette force nouvelle qui vous permettra de renoncer aux pensées et aux sentiments restrictifs et terrifiants qui obscurcissaient votre vie et vous maintenaient chevillé au sol. En libérant votre esprit de sa lourdeur, vous vous hissez tout naturellement. Plus vous montez, plus il est facile à votre nouvelle vie de se répandre. Vous ne pouvez plus aller ailleurs que vers le haut !

Qui se corrige, évolue

Nous sommes de drôles de zèbres. D'une part, chacun prétend se préoccuper de son évolution et de son épanouissement, et d'autre part, aucun de nous ne veut admettre qu'il peut se tromper. Voilà bien une contradiction débilitante. Si nous avons toujours raison, ou si nous avons toujours peur de nous tromper, que nous reste-t-il à apprendre ? Nous sommes secrètement convaincus de tout savoir. C'est là un grave problème si nous voulons vraiment nous libérer, car la vraie liberté est proportionnelle à ce que nous sommes disposés à découvrir sur nous-mêmes.

L'apprentissage est un processus de correction. Toute correction véritable, à quelque étape que ce soit du processus, purifie la matière, la dépouille de la confusion qui l'obscurcissait, et, par conséquent, la rehausse. En poursuivant cette belle idée un peu plus avant, nous en déduisons que nous nous élevons sur un plan supérieur à chaque fois que nous nous corrigeons. Sans doute ne saisissez-vous pas encore toutes les implications de cette importante loi, mais sachez que c'est par elle que vous atteindrez les plus hauts sommets.

Notre répugnance à avoir tort nous pousse à vouloir nous transformer, à lentement évoluer. Sans doute est-ce pour cette raison que rares sont ceux qui apprennent à ne plus s'occasionner de souffrance. Examinons un moment la différence entre s'améliorer et se corriger. Quand nous nous améliorons, nous nous inculquons des notions choisies en fonction de ce qui nous semble essentiel à notre évolution. Nous procédons par ajouts, nous acquérons de nouvelles connaissances, de nouveaux comportements, de nouvelles convictions.

Quand nous nous corrigeons, nous *prenons conscience* des faux enseignements que nous nous sommes dispensés. Notre prise de conscience nous libère de points de vue erronés. Plus nous connaissons les bienfaits de l'abandon de soi, plus notre croissance intérieure est vigoureuse, comme dans le cas d'une jeune plante qu'on déplace de la pénombre à la lumière. Un jeune arbre ne pousse pas à l'ombre d'un vieil arbre. On ne saurait apprendre à l'ombre de l'orgueil. Tout ce qui résiste à la correction fait partie de ce qui doit être corrigé.

Parlant de résistance, il nous faut admettre que l'orgueil est l'autre nom du faux moi. C'est notre fausse nature qui cherche à se défendre de la menace d'une correction sévère. Rappelez-vous que notre nature inférieure est tout à fait satisfaite du chaos de son existence. Vous perdez quand elle gagne, et elle gagne lorsqu'elle vous convainc de nier ou de justifier vos erreurs. Nier un problème fait de vous le gardien de ce problème et vous enchaîne à votre erreur.

Récapitulons ces principes une fois de plus. Se tromper n'est pas grave. Le problème, c'est de chercher à justifier le niveau spirituel qui a rendu cette erreur possible. Quand nous nions ou que nous tentons de justifier un problème passager, nous en faisons quelque chose de permanent. Rien ne vous enchaîne à vos erreurs passées, sinon vous-même. C'est précisément ce que le faux moi voudrait que vous fassiez. Pour y parvenir, il s'efforce de vous convaincre que *vous* avez tort. Une fois cette tâche accomplie, il vous ancre par des grappins qui ressemblent à s'y méprendre à des bouées de sauvetage. Voyons quelques-uns de ces poids intérieurs auxquels nous commettons l'erreur de nous agripper lorsque souffle la tempête.

La culpabilité et l'anxiété sont les duperies préférées du faux moi. Il sait que pour vivre un jour de plus il n'a qu'à vous pousser à rechercher frénétiquement des solutions à vos problèmes ou à prétendre que vous n'en avez pas. Quoi qu'il en soit, il vous tient, car vous *croyez* avoir un problème. Il se pourrait que quelque chose cloche effectivement, mais quelle que soit leur apparence ou la sensation qu'elles provoquent, toutes nos difficultés personnelles proviennent d'un manque de compréhension. En vous efforçant de ne pas voir le problème, vous vous empêchez de regarder en vous-même, d'évaluer votre niveau spirituel, de prendre conscience du seul univers où il est possible de se corriger. C'est pourquoi nous ne devons jamais nous mentir. Car lorsqu'on ne voit pas le problème, on n'en voit pas non plus la solution ; ne l'oubliez pas.

Voici quatre directives supérieures pouvant mener à des solutions authentiques.

1

Si vous voulez vous élever, c'est en sachant ce qui ne va pas en vous que vous vous corrigez.

2

Si vous constatez que vous avez tort, vous pouvez aussitôt décider de cesser d'avoir tort.

3

Renoncer au moi qui se trompe, c'est renoncer à notre nature inférieure, à notre faux moi.

4

La droiture ne nous trahit jamais.
C'est se duper soi-même qui est une trahison.

Voici une pensée qu'il vaut la peine de méditer encore et encore : si nous préférons l'apprentissage au plaisir, l'apprentissage l'emportera un jour sur la souffrance.

Le pouvoir qui triomphe de la défaite

Vous détenez un pouvoir potentiel plus grand que tous les obstacles que la vie place sur votre route. Cet immense pouvoir intérieur permet à quiconque s'en sert de s'élever au-dessus de son adversaire. Peu importe de quel adversaire il s'agit ou quelle peut être son importance. Votre pouvoir latent peut le vaincre et même le faire disparaître.

Ce pouvoir ami qui peut transformer votre vie en une série de victoires, c'est le *pouvoir de mettre la défaite en question*. Avant de rétorquer que vous mettez déjà vos problèmes en question, laissez-moi vous montrer la différence entre les bonnes *intentions* et la bonne *direction*. L'histoire qui suit est révélatrice.

Un jour, un voyageur heureux remarqua un homme très fatigué, assis au bord d'une agréable petite route de campagne. Même l'ombre rafraîchissante de l'arbre sous lequel il se trouvait semblait peser de tout son poids sur ses épaules. Le voyageur lui demanda s'il pouvait s'asseoir quelques minutes à ses côtés pour se rafraîchir. Peu après avoir partagé du pain et une pomme, et conversé poliment, l'homme malheureux ouvrit son cœur. Il demanda pardon au voyageur et le supplia de l'aider.

Il errait depuis plusieurs semaines, et rencontrait mille et un obstacles. Mais en dépit de tous ses efforts, il ne réussissait pas à approcher du but. Il voulait retourner à la maison de son enfance. Le voyageur compréhensif lui demanda où se trouvait cette maison. L'homme, qui sourit à ce moment pour la première fois, lui révéla le nom de la petite ville où il était né. Le voyageur le regarda doucement et lui dit: « Je sais ce que c'est que de vouloir rentrer chez soi. Mais *il ne suffit pas d'avoir de bonnes intentions ; il faut aussi s'engager dans la bonne direction*. Vous faites fausse route, mon bon ami. »

Le voyageur lui indiqua alors la direction à suivre, et l'homme put bientôt retrouver la maison de son enfance.

Examinons cette histoire avec le regard neuf que nous venons d'acquérir, afin de pouvoir, nous aussi, retrouver notre maison intérieure, notre véritable nature supérieure. Nous avons découvert que les expériences traumatisantes que nous vivons ne sont pas causées par des individus ou des événements, mais par notre *réaction* face à ces expériences. Pourtant, si nous observons en toute sincérité la façon dont nous analysons nos défaites, nous verrons que nous cherchons encore désespérément des solutions qui n'ont qu'un effet correctif superficiel. Nous persistons à blâmer les circonstances extérieures pour nos déconvenues. Le genre de questions que nous posons montre bien que nous réfléchissons encore mal à nos problèmes. Nous devons absolument comprendre cela si nous voulons transformer notre monde intérieur et le milieu dans lequel nous vivons. Nos anciens questionnements, par leur nature même, font de nous des victimes, car ils supposent que quelqu'un ou quelque chose en dehors de nous veut nous punir. Aucun être humain ne subit de châtiment sauf dans son moi inférieur, sous-développé, qui interprète ses réactions comme des attaques de l'extérieur. C'est la raison pour laquelle nous devons apprendre à faire de nos questionnements les véhicules de notre épanouissement personnel, plutôt que de les laisser nous pousser dans la mauvaise direction. En fait, votre esprit devrait déjà être en train de formuler une question nouvelle. Permettez-moi de vous assister dans cette formulation, car il s'agit d'une question qui vous oriente *effectivement* dans la bonne direction. La voici:

— D'où me sont donc venus tous les faux questionnements qui ont fait de moi une victime en conflit avec le monde qui l'entoure ?

— Je vous laisse le soin d'y répondre par vous-même. En vous fondant sur les découvertes que nous venons de faire, qui a tout à gagner si vous vous battez contre des moulins à vent et si vous vous agrippez à des fétus de paille ?

— Le faux moi !

— Exactement. La fausse nature qui divise pour régner. Dorénavant, nous allons apprendre à formuler nos propres questionnements, des questionnements qui éclairent ces parts de nous-mêmes qui croient toujours subir un châtiment.

Ces nouveaux questionnements vous permettront de triompher de la défaite. Ils pourront à eux seuls vous assurer la victoire. Il vous suffit de poser la *bonne* question quand vous souffrez, pour que cette question vous mette à l'abri des influences néfastes de votre moi inférieur, incapable de vivre à moins de faire de vous une victime vengeresse.

Voici dix nouvelles formulations qui mènent à l'épanouissement. Puissent-elles vous aider à comprendre la différence entre vos raisonnements désuets et les nouveaux moyens auxquels vous recourrez pour triompher de la défaite. Vous vaincrez !

Dix questions pour s'épanouir

1

Au lieu de toujours vous demander : « Pourquoi est-ce toujours à moi que ces choses arrivent ? »
Apprenez à dire : « Qu'est-ce qu'il y a en moi qui attire ce genre de situation ? »

2

Au lieu de toujours vous demander pourquoi ceci et comment cela...
Apprenez à dire : « Pourquoi les circonstances extérieures ont-elles une si grande influence sur mes émotions ? »

3

Au lieu de toujours vous demander comment vous protéger
dans des circonstances difficiles...
Apprenez à dire : « Qu'est-ce que j'ai qui a tant besoin d'être protégé ? »

4

Au lieu de toujours vous demander comment voir clair
dans la confusion de votre esprit...
Apprenez à dire : « La confusion peut-elle comprendre la clarté ? »

5

Au lieu de toujours vous demander ce qu'il en sera de demain
(ou de la minute qui suit)...
Apprenez à dire : « Comment y aurait-il quoi que ce soit
d'intelligent dans l'anxiété ou l'inquiétude ? »

6

Au lieu de toujours vous demander pourquoi Untel ou Unetelle agit ainsi...
Apprenez à dire : « Qu'y a-t-il en moi qui tient à souffrir
du comportement des autres ? »

7

Au lieu de toujours dire : « Pourquoi moi ? »
Apprenez à dire : « Quel est ce "moi" qui ressent cela ? »

8

Au lieu de toujours vous demander si vous avez pris la bonne décision...
Apprenez à dire : « La peur peut-elle jamais prendre la bonne décision ? »

9

Au lieu de toujours vous demander pourquoi Untel
ou Unetelle refuse de reconnaître ses torts...
Apprenez à dire : « Mes sentiments envers cette personne
sont-ils bons pour moi ? Ou pour elle ? »

10
Au lieu de toujours vous demander comment obtenir
l'approbation des autres...
Apprenez à dire : « Qu'est-ce que je veux en réalité,
les applaudissements de la foule ou une vie paisible ? »

Prenez vous-même le volant

En s'installant dans le car de luxe, Jessica n'arrivait pas à croire que cette journée de vacances tant attendue était enfin arrivée. Elle avait du mal à croire que six mois s'étaient écoulés depuis le début de son nouveau travail dans cette petite localité de la côte. La brochure lui avait promis une journée délicieuse, remplie de plaisirs calmes et de merveilles touristiques. L'excursion lui avait coûté cher, mais elle avait bien mérité ce plaisir et elle entendait en profiter. Elle s'assit au bord de son siège. Le car quitta le terminus.

Vingt minutes plus tard, sous les oh ! et les ah ! des vingt-cinq passagers, le chauffeur décrivait les splendides paysages bleu vert du bord de mer qui défilaient sur des kilomètres et des kilomètres. La perfection de cette journée la remplit de plaisir, et elle se cala, détendue, au fond de son siège. À ce moment, un passager assis devant elle se leva d'un bond, s'approcha du chauffeur et lui dit qu'il voulait conduire pendant quelques minutes. Le chauffeur se leva, le passager prit sa place, et le car se remit en marche. Au grand étonnement de Jessica, personne, pas même le conducteur, ne s'en formalisa.

Aussitôt, le beau paysage maritime disparut. De sa fenêtre, Jessica n'apercevait plus maintenant que de vieux édifices abandonnés et des rues pleines de détritus. Le nouveau chauffeur traversait les quartiers les plus pauvres de la ville. Puisque personne à bord n'exprimait le moindre étonnement, elle chercha à se détendre. Pendant une seconde elle crut que ce circuit faisait partie de l'excursion, mais elle ne se souvenait pas que la brochure l'ait mentionné. Un autre passager, prenant à son tour la place du conducteur, interrompit le fil de ses pensées. Maintenant, le car bringuebalait sur les cahots de rues en pente et sur des ponts étroits. Quelque chose n'allait pas. Trop sidérée pour dire quoi que ce soit, trop effrayée pour bouger, elle s'enfonça encore plus dans son siège tandis que tous les passagers se relayaient au volant. Son excursion de rêve était devenue un cauchemar.

Au moment où elle s'était presque résignée à son sort dans une colère désespérée et impuissante, elle sentit que prenait forme au fond d'elle-même une pensée troublante, et cette pensée la réveilla tout à fait en lui donnant une conscience d'elle-même qu'elle n'avait jusque-là jamais ressentie.

Terrifiée mais avec une grande détermination, elle se leva et s'adressa d'une voix tremblante et ferme au passager qui tenait le volant: « C'est à mon tour, maintenant. »

À son étonnement, il se leva et lui céda sa place. Elle s'assit, prit le volant et ramena le car jusque chez elle.

Cette histoire est riche d'enseignements que nous devons comprendre pour connaître une vie heureuse. Quand nous ignorons où nous allons ou qui est au volant, le présent ne saurait être agréable. Le seul plaisir d'une telle excursion dans la vie est celui du rêve. Nous devons rêver pendant que quelqu'un d'autre conduit, car si nous avions les yeux ouverts, nous ne tolérerions pas d'être conduits de la sorte.

Même lorsque nous nous arrêtons en route dans un endroit charmant, ou lorsqu'un événement heureux se produit, notre plaisir est bref, car ce n'est pas à nous de dire combien de temps nous resterons. Ces plaisirs passagers sont souvent faits d'un étrange mélange d'expectative et de cynisme qui nous comble uniquement parce que nous ignorons encore le véritable plaisir.

Sachez reconnaître le bonheur du vrai moi

Dans cette vie, le vrai bonheur consiste à savoir que vous êtes en pleine possession de vous-même, *maintenant*. Nous aimons nous persuader que nous sommes au volant, mais comme nous l'avons vu précédemment, personne ne se précipiterait délibérément en voiture dans un marécage ou du haut d'une falaise. Quand nous nous prenons en pitié, ou que nous sommes en colère, ou que nous souffrons d'anxiété, c'est que nous sommes assis à la mauvaise place et que quelqu'un d'autre est aux commandes de notre vie.

Il peut être humiliant au départ de constater que vous n'étiez *pas vraiment* au volant. Mais c'est un choc nécessaire pour quiconque veut savoir qui conduit à sa place. Comparez cette humiliation passagère qui vous redonnera pourtant le contrôle de vous-même à la vie entière que vous auriez vécue sans elle, une vie ressemblant à s'y méprendre à de gigantesques montagnes russes.

Nous vivons dans un panier sans fond rempli de désirs qui nous amènent n'importe où, jusque dans la folie. Espérer trouver le confort et un sens à sa vie dans nos désirs équivaut à chercher de l'ombre sous un nuage de mouches. C'est sans doute frais, mais on ne peut s'arrêter de courir. Plaisir et souffrance ne font qu'un.

Le véritable bonheur n'est pas le *contraire* de la douleur, c'est *l'absence* de douleur. Pensez-y. Ce que vous voulez, c'est ne rien vouloir. Nous pouvons assouvir ce désir supérieur si nous comprenons que rien ne nous oblige à nous asseoir là, en victimes passives d'événements que nous n'avons pas choisis. Personne ne souhaite être écartelé, à moins que son idée du plaisir soit d'être mis en pièces.

Nous avons tous connu de ces moments où tous nos désirs nous entraînent dans la même direction : il arrive alors qu'ils soient satisfaits. L'ennui est que maintenant ces désirs deviennent une hantise. Nous nous rendons compte trop tard que nous n'avons pas *vraiment* gagné ce que nous *croyions* avoir reçu ; et nous sommes forcés de vivre avec une « récompense » supplémentaire qui est moins un plaisir qu'un châtiment.

Voici la clé du bonheur durable. Nos désirs semblent receler la promesse d'un avenir heureux et lumineux, alors qu'en réalité ce sont eux qui perturbent notre vie présente. Tout est *déjà* agréable. On ne lance pas un caillou dans l'eau quand on veut en apaiser la surface. Si on ne la dérange pas, l'eau de la mare reflète le ciel au-dessus d'elle. Plus nous apprenons à ne pas nous importuner nous-mêmes plus notre bonheur nous devient clair. Puisque personne n'aime un fauteur de troubles, on peut comprendre que nous ne nous aimions pas nous-mêmes.

N'hésitez pas à dire à un désir persistant que vous le remplacez au volant. Laissez-le crier. Quand les autres passagers constateront que c'est vous qui conduisez, ils descendront du car l'un après l'autre. Vous ressentirez peut-être une étrange solitude. Mais croyez-moi, cette solitude n'est qu'un de vos derniers désirs qui s'efforce de ne pas passer inaperçu. Ne bougez pas de votre place. Vous n'y croyez peut-être pas encore, mais vous n'avez rien à perdre. C'est l'absolue vérité. Ne vous inquiétez pas si vous ne savez pas exactement où vous voulez aller. Persistez, et vous constaterez un jour que même cette hésitation était une manifestation de désir. Vous comprendrez peu à peu qu'il ne vous était pas utile de savoir où aller. Vous trouvez votre plaisir où vous êtes : il n'est plus un objectif, il fait maintenant partie de vous.

Chapitre quatre

Élevez-vous vers un monde nouveau

— Y a-t-il vraiment un monde nouveau ?

— Seulement si vous savez où le trouver.

— Dans quelle direction devrais-je aller ?

— Regardez en vous-même.

Il existe en chacun de nous un vaste univers de pensées et de sentiments dont les mouvements commandent notre perception et notre expérience du monde qui nous entoure. Bien qu'il ne soit pas le véhicule de tout ce qui se présente à nos yeux, il influence grandement notre façon de comprendre les relations et les événements qui affectent notre vie. C'est là un autre aspect d'une notion que nous avons abordée précédemment, dans le chapitre où nous avons vu comment le dedans façonne le dehors. En d'autres termes, nous percevons le monde extérieur, mais nous ressentons notre monde intérieur. Lorsque, par exemple, nous avons le cœur gros, tout ce qui nous entoure semble s'assombrir. Mais il y a là quelque chose de bien plus profond. Si nous sommes patients avec nous-mêmes, nous pourrons découvrir dans cette notion la clé qui nous élèvera vers un monde nouveau. Alors, allons-y.

Nous avons tous, tôt ou tard, l'impression d'être devenus la proie de notre propre vie. Dans ces moments particulièrement malheureux, nous sommes persuadés que, n'était telle personne désagréable ou telle situation néfaste, nous serions déjà en bonne voie de réaliser nos plus grandes ambitions au lieu de faire du sur-place. Nous avons tant et plus planifié notre évasion, mais nous revivons sans cesse la même sensation d'enfermement. Quoi que nous fassions, rien ne change. Nos nouvelles amours, notre nouveau travail, notre nouvelle maison, tout cela ne fait que remplacer par d'autres les murs qui nous entourent et n'apaise pas notre sentiment d'enfermement. Tout se passe comme si nous nous étions contentés de changer de cellule. Nous ne devons pas nous opposer à cette étonnante conclusion, ou même la craindre. Pourquoi ? Parce que cette découverte déroutante recèle une importante leçon. Telle personne ou telle circonstance n'ont *jamais* dressé d'obstacles sur notre route. Non ! En dépit des apparences, nous ne sommes jamais prisonniers de l'*endroit* où nous nous trouvons. Notre prison, c'est *la personne* que nous sommes. Voici le résumé de cette découverte : quand vous rencontrez un obstacle, ce qui vous gêne et vous empêche d'être heureux n'est pas extérieur à vous. L'obstacle, c'est votre niveau spirituel du moment.

Le secret du détachement de soi

Votre niveau spirituel commande l'*endroit* où vous vous trouvez, car ce que vous ressentez, c'est *la personne* que vous êtes. Je répète. Pour le meilleur et pour le pire, vous faites l'expérience de *ce que* vous êtes, et non pas de *l'endroit* où vous vous trouvez.

Les quelques exemples qui suivent vous aideront à mieux saisir ce concept.

Nous nous sommes tous sentis :

1. Seul au beau milieu de la foule.
2. Mal à l'aise dans une réunion de famille.
3. Effrayé dans les bras de l'être cher.

4. Déprimé à l'occasion d'une fête.

5. Envahi tout en étant seul.

Si vous entendez quelqu'un dire : « J'en ai par-dessus la tête », en réalité cette personne dit à son insu qu'elle en a par-dessus la tête de son absence de perception. C'est évident dès l'instant où l'on comprend que le bonheur ne vient pas *à* nous, mais que nous le trouvons *en* nous. Par exemple, le fait d'être impatient devant notre niveau de perception dénote exactement le niveau de perception qui nous impatiente. Si nous saisissons ce principe spirituel, nous sommes en mesure de nous détacher de notre impatience. Notre vie change aussitôt pour le mieux. D'une part, la frustration s'estompe et cède la place à l'apprentissage. Plus nous évoluons intérieurement, plus notre vie devient facile.

Ce principe supérieur voulant que nous nous détachions de tout ce en quoi nous voyions un obstacle mène à la vraie liberté, car nous avons toujours été les prisonniers de notre absence de perception. C'est pourquoi le simple fait de nous efforcer de nous élever au-dessus de notre vie spirituelle présente est en soi l'indice d'un niveau de perception supérieur.

Cette sagesse nouvelle, appelée « détachement de soi », brise peu à peu le cercle vicieux qui se crée lorsqu'on cherche la solution à un problème dans le problème lui-même. Les barrières commencent à s'effriter et à disparaître, car on a cessé de les dresser. Vous vous ôtez de votre propre chemin, dans le sens le plus strict de l'expression. Pratiquez le détachement de soi le plus souvent possible. Plus vous perfectionnerez cette façon de lâcher prise, plus votre existence s'écoulera librement et plus vous vous hisserez vers un plan de vie supérieur.

La persistance est tout. Vous devez tenir bon, ne serait-ce que dans votre désir de tenir bon. Vous devez persister en dépit de tout ce qui s'oppose à votre volonté de vous transformer. Croyez-moi, il n'y a pas de véritable obstacle à votre accession à un nouveau monde. Souvenez-vous de cela. Dans tous les champs de l'évolution intérieure, l'échelon le plus difficile est toujours celui que vous n'avez encore jamais gravi. Plus grand est le doute à surmonter, plus grande est votre chance de dépassement, car ce sont le doute et la peur qui dressent des obstacles à notre évolution. Seule une conception réductrice de la vie, où prime l'opposition victoire/défaite, comporte un risque.

Quand la découverte de soi compte plus que la victoire, chaque circonstance de la vie nous place devant un nouveau triomphe possible. À chaque fois que vous vous surpassez, vous acquérez un peu plus de liberté... la liberté de faire un pas de plus, et encore un autre, dans ce vaste inconnu où, avec le temps et la persistance, votre peur se transformera en absence de peur, tout simplement parce que vous vous serez détaché de vous-même.

Comment s'affranchir de l'impuissance

La souffrance psychologique est une perte de vie. Elle ne sert à rien, elle est cruelle et surtout trompeuse. Je dis trompeuse, car la souffrance psychologique est une souffrance inutile dont nous pensons qu'elle est non seulement utile, mais nécessaire, et qu'elle fait partie intégrante de la vie. Les souffrances morales et émotionnelles ne font pas partie de la vie. Il n'est pas nécessaire de tolérer des pensées ou des sentiments qui nous font souffrir, même si ceux-ci cherchent à nous convaincre du contraire. Nous avons toujours le choix quand la souffrance psychologique est en cause. Il n'est *jamais* nécessaire de succomber à l'impuissance qui rend la vie insupportable.

— J'aimerais être de votre avis, mais j'ai bien peur que, peu importe la direction que je choisis de prendre, je me heurte toujours tôt ou tard à un conflit ou à une cause de souffrance.

— C'est exact.

— N'avez-vous pas dit que j'avais le choix ?

— Oui, mais uniquement si vous cessez de choisir des moyens d'évasion !

— Eh bien ! comment, dans ce cas, devrais-je penser à ce qui me fait souffrir ?

— Justement. Votre souffrance vient de ce que vous pensez à vous. L'orientation, la direction que vous dictent vos pensées quand vous cherchez à vous évader de votre prison personnelle sont tout simplement le prolongement de celles qui vous font éprouver ce sentiment d'enfermement.

La quête désespérée du bonheur est le prolongement du malheur. Le bonheur ne se cherche pas lui-même. Il est lui-même. Le désir de confiance est le prolongement du doute. L'espoir d'un avenir meilleur est le prolongement d'un passé pâle et vacillant. Même le fait de se culpabiliser si on se met en colère est le prolongement de l'irritation qu'on avait d'abord ressentie. Quelle que soit la direction que l'on prend pour fuir un quelconque malheur, elle ne saurait qu'être le prolongement de cette détresse, peu importe le temps ou la distance que l'on place entre soi et elle. Tous les choix que nous effectuons à un échelon malheureux de notre vie nous fournissent des réponses qui prennent racine dans le problème lui-même. Voilà qui peut nous aider à mieux comprendre le message du Christ : « Vous récolterez ce que vous avez semé. »

— Bien sûr, ma vie reflète ce que vous dites. Que faire, alors ? Quelle direction dois-je prendre ?

— Le problème est que votre question laisse déjà entendre que vous sentez le besoin d'*aller* quelque part ou de *faire* quelque chose. Ce qu'il faut, c'est que vous cessiez d'être la personne que vous *pensez* être.

— Comment ?

— Acceptez de voir le vrai dans tout ce que nous avons dit. Observez-vous. Voici *un* exemple parmi d'autres. Surprenez-vous à porter attention à une angoisse qui vous est familière quand elle vous dit comment planifier un avenir meilleur, et demandez-vous ensuite si c'est une preuve d'intelligence que de demander à un requin comment sortir de l'eau. C'est insensé, n'est-ce pas ? Surprenez quelques-uns de ces perfides dialogues avec vous-même, et avant longtemps un miracle se produira. Vous cesserez de vous demander conseil, car vous ne mettrez plus votre confiance dans ce moi qui vous a égaré.

Une technique pour apaiser la peur

Un soir, en rentrant chez lui de la station de télévision où il était réalisateur, Stéphane aperçut son jeune fils, Thomas, assis tout seul sur la galerie arrière de la maison. Cela n'avait rien d'extraordinaire, sauf que c'était l'heure de l'émission préférée de Thomas, qu'il ne ratait jamais pour tout l'or au monde.

Stéphane ouvrit doucement la porte moustiquaire et vint s'asseoir aux côtés de son fils. Il voyait que quelque chose troublait Thomas et, entourant ses épaules avec son bras, il lui demanda ce qui n'allait pas. Au bout de quelques minutes, Thomas lui raconta sa triste histoire. Thomas était bouleversé et il avait peur parce que ce jour-là, à l'école, chaque enfant avait dû se lever et dire, devant toute la classe, ce qu'il voulait être quand il serait grand. Thomas ajouta que tous ses camarades le savaient parfaitement. Ils étaient tous fiers de dire qu'ils deviendraient pompiers, docteurs, athlètes. Lui l'ignorait, il était le seul de la classe à ne pas le savoir, et ses copains l'avaient taquiné tout le reste de la journée.

Il y eut quelques instants de silence, puis son père le regarda doucement dans les yeux en lui proposant de l'amener dans un endroit très spécial. Vingt minutes plus tard, Thomas était dans un des grands studios où son père travaillait à son dernier film. Aussitôt, Stéphane le souleva de terre et le déposa sur le siège à haut dossier d'une caméra, puis, après avoir poussé quelques boutons, lui dit de regarder par la lentille. Thomas s'exécuta et aussitôt poussa un cri de frayeur : un monstre le fixait. Stéphane lui dit en souriant de regarder encore, mais cette fois, de ne pas détourner son regard même si ce qu'il apercevait lui faisait peur. Thomas était terrifié, mais il avait confiance en son papa et il lui obéit. Le monstre était toujours là, toujours aussi effrayant qu'auparavant, mais tandis qu'il l'observait par l'œil de la caméra, il sentit que celle-ci reculait et l'éloignait du monstre. La scène se transforma à mesure que Thomas se déplaçait avec la caméra que tirait son père. D'abord, il n'avait vu que le monstre, mais maintenant, toute une portion du décor devenait visible. De drôles de fenêtres tendues de velours, des tables et des chaises en chêne, beaucoup d'autres accessoires remplirent l'espace où, quelques instants plus tôt, il n'avait pu voir qu'un personnage terrifiant.

À son étonnement, le père de Thomas continua de tirer la caméra vers l'arrière jusqu'à ce que toutes sortes de réflecteurs et de microphones suspendus entrent dans le champ de vision de Thomas, juste au-dessus de l'endroit où se trouvait le monstre. Encore un peu et Thomas put voir d'autres studios dans la distance, et les hauts cintres remplis de fils électriques. Le monstre était devenu tout petit et lointain.

Thomas devina que son père s'efforçait de lui enseigner une chose très importante. Sans trop savoir comment, il allait déjà beaucoup mieux. En route vers la maison, ils firent halte dans un casse-croûte et Stéphane expliqua à Thomas ce qui venait de se passer. Écoutons-le.

— Parfois, des choses désagréables se produisent et nous font peur, exactement comme lorsque, en regardant par l'objectif de la caméra, tu ne voyais que le monstre. Dans ces moments-là, nous ne pensons qu'à ce que nous venons de voir et nous cherchons le moyen de nous enfuir ou de nous mettre à l'abri de cette menace. Toi, tu ne voulais pas regarder encore par l'œil de la caméra parce que tu ne voulais pas revoir le monstre. L'ennui avec une telle décision, c'est que, même si tu ne regardes pas le monstre en face, tu revis sans cesse la peur qu'il a provoquée. La peur s'est installée en toi, tu en emportes toujours le souvenir. En outre, il est fort probable que ce souvenir désagréable, ce point indélébile en toi te dira où aller et quoi faire, puisque sans t'en rendre compte tu cherches à le fuir.

Il s'interrompit le temps de vérifier si Thomas captait son message. Les yeux du petit garçon brillaient. C'était bon signe. Il poursuivit d'une voix douce.

— Quand je suis rentré, tu étais dehors, sur la galerie. Plus tu essayais de chasser les événements de la journée de ton esprit, plus tu étais bouleversé. Plus on s'efforce de chasser quelque chose de désagréable, plus cela se grave en nous. Essaie de comprendre. Voilà pourquoi je t'ai demandé de regarder le monstre pendant que je faisais reculer la caméra. Plus ton champ de vision s'*élargissait*, moins ce que tu voyais était terrifiant. Enfin, quand nous avons été complètement au fond du studio, tu as vu qu'il n'y avait aucune raison d'avoir peur, parce que tu pouvais embrasser l'*ensemble* du décor. C'est ce que tu dois faire en tout, avec chaque circonstance et chaque pensée qui traverse ta vie.

« Dans la peur ou dans l'anxiété, souviens-toi de ceci. La souffrance morale ou émotionnelle n'a de prise sur toi que tant et aussi longtemps que tu ne vois qu'une partie du problème. Modifie ton point de vue, *prends du recul*. Plus ton champ de vision intérieure s'élargira, moins ce que tu vois te bouleversera. »

Thomas regarda son père et dit : « Mais n'est-ce pas important que je sache ce que je vais devenir quand je serai grand ? »

— Écoute bien. Plus tu pouvais voir de choses par l'objectif de la caméra, moins tu avais peur, n'est-ce pas ?

— Oui.

— C'est la même chose en ce qui concerne ton avenir. La vie est remplie de possibilités que tu découvriras peu à peu. La vie s'offrira à toi, et quand elle le fera, tu sauras ce que tu veux faire et qui tu veux être. Il n'y a aucune raison de t'inquiéter. Quand tu as peur, fais ce que tu as fait avec le monstre : prends du recul. Fais en sorte que ton champ de vision s'élargisse jusqu'à ce que tu puisses embrasser l'ensemble du problème. Tu comprendras aussitôt que tu n'avais aucune raison d'avoir peur. Te souviendras-tu de cela la prochaine fois ?

— J'essaierai.

— C'est tout ce qui compte.

Libérez-vous de la solitude et du désenchantement

Rien n'est plus insatisfait que notre nature inférieure, notre faux moi. Il n'est jamais content. S'il se trouve une seule mauvaise herbe dans une roseraie, il la remarquera. Comme il n'est pas réellement vivant, il doit sans cesse se créer des pensées et des émotions stimulantes pour se donner l'illusion qu'il vit. Tout comme Sisyphe, roi de Carthage, condamné aux Enfers à rouler éternellement un rocher sur une pente, rocher qui retombe aussitôt parvenu au sommet, le faux moi doit créer et recréer sa propre existence. Il a terriblement peur de ne plus avoir quelque chose à faire, quand cela ne serait que souffrir de n'avoir rien à faire. Puisque cette fausse nature ne peut « être », elle doit à jamais « agir », intérieurement et extérieurement, pour avoir l'*impression* d'exister.

L'éternel dilemme du faux moi est que toutes les impressions qu'il engendre sont limitées dans le temps, c'est-à-dire que, bonnes ou mauvaises, vient un moment où elles prennent fin. C'est une loi universelle.

Toutes les impressions s'estompent, car les impressions ne sont jamais qu'un écho indépendant, distinct de sa source. L'écho, dont l'existence est temporaire, est en quelque sorte un spectre. Il est visible mais n'a aucune substance. L'écho n'est qu'une ombre. Il *semble* être là.

L'insatisfaction est une sorte d'écho psychique. En réalité, quel que soit le mécontentement que l'on éprouve, ce qui « résonne » en nous n'est qu'un écho intérieur. Voilà qui est difficile à saisir : la souffrance *semble* réelle. Elle n'existe pas *pour* vrai. Comment est-ce possible ? Voici. Nos tourments, nos douleurs intérieures nous paraissent vrais, tout comme un cauchemar a toutes les apparences de la réalité. Mais où disparaît la peur au réveil ? Elle n'existe plus, car elle n'avait de réalité que dans le rêve. Efforcez-vous de comprendre ; c'est important. Une cause de souffrance, qu'elle date de vingt-quatre heures ou de vingt-quatre ans, résonne en nous à l'égal d'un souvenir. Sa « résonance » émotionnelle suscite notre malaise et notre mécontentement. Nous cherchons alors à isoler ce bouleversement, à l'identifier et à le résoudre, de façon à retrouver le bien-être que nous prétendons éprouver quand la douleur s'en va.

Raisonnable, non ? Non ! L'attrape ici, et à chaque fois que nous faisons fausse route, c'est que le « moi » qui veut transformer son insatisfaction en bien-être n'est pas vous du tout ! Pour mieux comprendre cette extraordinaire idée, imaginons qu'un homme se serait égaré dans une enfilade de cavernes profondes. Angoissé, il appelle, il dit « allô », puis tend l'oreille dans l'attente d'une réponse. Un moment s'écoule, puis il entend au loin une voix qui lui répond « allô, allô ». Il se précipite aussitôt plein d'espoir en direction de la voix. Il ne comprend pas que ce n'est qu'un écho. Il ne comprend pas qu'il se hâte à la poursuite de sa propre voix, une voix qui l'entraîne toujours plus profondément dans la grotte et loin de toute possibilité de secours et de lumière.

Cet exemple montre bien que l'homme perdu dans la grotte ignorait qu'il obéissait à sa propre voix. S'il l'avait su, il ne lui aurait pas fait confiance, il n'aurait pas cherché à poursuivre l'écho qui lui répondait. Son erreur fut de croire que la voix appartenait à quelqu'un d'autre, à une personne qui, contrairement à lui, ne s'était pas égarée.

Quand nous sommes malheureux ou insatisfaits, nous commettons une erreur similaire qui nous entraîne de plus en plus loin de tout secours possible. Nous nous laissons orienter par une supposition tout aussi fausse que celle de l'homme égaré dans les cavernes. Nous croyons que les voix intérieures qui nous parlent, celles qui n'hésitent jamais à nous rappeler nos insatisfactions, nous révèlent en même temps l'existence d'un havre de paix qui nous deviendra accessible si nous suivons leurs directives. Ces pensées et ces émotions persistantes et souvent nobles nous promettent un avenir meilleur, un havre de paix, mais un havre qui ne serait pas nécessaire si ces mêmes pensées et ces mêmes émotions n'avaient pas soulevé de tempête au départ ! Voyez-vous ? Le faux moi s'efforce toujours d'attirer votre attention afin de vous prouver que quelque chose va mal. Avons-nous vraiment besoin d'un ami qui nous réveille toutes les nuits pour savoir si nous dormons ?

Vous n'êtes pas la personne que vous croyez être. Votre vie intérieure présente est la cause de votre insatisfaction, car c'est elle, l'insatisfaction, votre faux moi qui, en ce moment, pense à votre place. Je m'efforce d'être le plus clair possible. Ce n'est pas *vous* qui êtes insatisfait. *Vous* n'avez jamais été malheureux, ni maintenant ni auparavant. Rien de ce que vous dites souffrir n'est la cause de votre souffrance. Votre insatisfaction et votre malheur, tous ces échos creux, sont la nature même de ce faux moi avec lequel vous vous êtes confondu.

N'oubliez pas que vous ne voulez pas seulement vous *sentir* autre. Vous voulez *être* autre. Là où échouent invariablement les sentiments, l'*être* triomphe. La personne que vous êtes vraiment ne saurait se distinguer de l'origine. D'autres appellations pourraient désigner cette source absolue. Mais je répète que le nom qu'on lui donne est sans importance. L'important est que, lorsque vous entendez une voix vous répéter que vous êtes seul, cette voix n'est pas celle de votre être profond, mais bien celle de la solitude elle-même. Voilà pourquoi vous ne devez pas réagir à l'insatisfaction, car *ce n'est pas votre insatisfaction à vous*.

Ne craignez pas de n'avoir rien à faire. Si vous laissez l'écho intérieur s'estomper, il se taira, et avec lui disparaîtra le faux moi. Optez pour l'être au lieu du faire, et ce que vous faites ou ne faites pas ne sera plus douloureux, car vous ne ferez rien dans le but de vous prouver que vous êtes en vie. Vous êtes en vie, et vous saurez que vous l'êtes.

Une force secrète plus grande que toute peine

Dans les magnifiques contrées de l'ouest des États-Unis, là où j'habite, un grand nombre d'animaux vivent en liberté dans les environs de ma maison. Il y a des cerfs, des lièvres, des écureuils, des coyotes et des oiseaux en grand nombre, grands ou petits, de toutes les formes, de toutes les couleurs. Ces oiseaux ont beaucoup de chance, car le climat très tempéré de la Californie leur fournit toujours en abondance les insectes et les graines. Ils ont une très belle vie, et leur chant ininterrompu en témoigne.

Puis il y a la chatte. Elle n'appartient à personne. Les champs qui entourent ma maison étaient son territoire bien avant que je ne m'installe ici. Elle y vivra sans doute encore quand je partirai. Toutes ces années d'indépendance ont fait d'elle une fieffée prédatrice. Mais ses succès ne sont pas entièrement dus à sa rapidité ou à sa force. Si cette chatte a si souvent l'avantage, c'est parce qu'elle possède une intelligence instinctive supérieure à celle de sa proie. Je porte cette histoire d'animaux à votre attention, parce que j'ai remarqué qu'une de ses techniques de chasse peut nous apprendre une chose très importante sur nous-mêmes et sur les raisons qui nous font répéter les mêmes erreurs. Voici ce que j'ai remarqué: un chat n'oublie pas qu'un oiseau oublie. Voyons cela de plus près.

Cette chatte sauvage qui chasse dans les environs de ma maison connaît les endroits où les oiseaux se réunissent pour manger. Chaque jour, elle rampe vers cet endroit, et même si les oiseaux s'en enfuient, elle continue de ramper. Puis, tout à coup, elle s'arrête en un point spécifique, connu d'elle seule, et dans sa parfaite immobilité on la dirait invisible. Quelques minutes plus tard, les oiseaux reviennent et font leur affaire en pépiant, en dépit de la présence de la chatte. La chatte ne bouge pas un muscle, mais sous le poil, ces muscles sont si bandés que lorsque enfin elle bondit, c'est à la vitesse de l'éclair.

Voilà comment les choses se passent dans la nature. Un oiseau ne réagit qu'à ce qu'il voit, et il ne voit en général que ce qui bouge.

Ce qu'il ne peut voir, il l'« oublie ». Un tel oubli peut être fatal au royaume des animaux. Nous qui, dans la sécurité de nos séjours, regardons cet inflexible univers où règne la loi du plus fort, nous savons que le prédateur est toujours là, même s'il ne bouge pas. Mais qu'en est-il de notre monde intérieur quand nous y sommes prisonniers de ce qui nous terrifie ou de ce qui nous bouleverse ? Nous avons déjà vu que nous sommes seuls responsables des sentiments négatifs qui ont raison de nous. Encore une fois, c'est le dedans qui commande le dehors.

La question que nous devrions nous poser est la suivante : comment faire pour déceler ces prédateurs intérieurs invisibles qui traquent si manifestement notre psychisme ? Nous savons tous ce que signifie être envahi par le doute ou l'inquiétude, sans parler de toutes les autres idées noires et toutes les autres émotions négatives. Puissent les questions et réponses qui suivent jeter un éclairage nouveau sur notre quête de compréhension de soi et de sécurité.

Q : Grâce à ces nouveaux concepts, ces faits dont je soupçonnais l'existence m'apparaissent de plus en plus clairement. Toutes mes tentatives d'évasion m'ont fait perdre mon temps. J'ai besoin d'échapper à moi-même. Mais comment ?

R : Cela vous surprendra peut-être, mais pour échapper à vous-même, vous devez d'abord cesser de vous efforcer d'oublier vos inquiétudes, vos doutes et vos peurs.

Q : Mais n'avez-vous pas dit que nous devions abandonner nos souffrances derrière nous ?

R : Nous avons dit que vous devez apprendre à les *comprendre*. Cette nouvelle compréhension est la seule chose qui vous libérera des pièges que vous vous tendez, car c'est votre incompréhension qui les façonne, les tend et y place un appât.

Q : Tout cela est si différent de ce qu'on m'a toujours appris. Que faites-vous de cette vieille maxime : « Loin des yeux, loin du cœur » ?

R : Sur le plan physique, c'est sans doute vrai, mais d'un point de vue spirituel, dans notre monde intérieur, rien ne s'éloigne autant de la vérité. Le grand mystique maître Eckhart l'avait compris, quand il mit ses disciples en garde contre les dangers des faux-semblants et de l'illusion : « Une pierre enfoncée dans le sol a le même poids qu'une pierre qui affleure. »

Q : Je sais que ce que vous dites est plein de bon sens, mais à vrai dire, je ne tiens pas à me rappeler mes faiblesses. Quel mal y a-t-il à cela ?

R : Essayer d'oublier ce qui nous effraie équivaut à essayer de maintenir sous l'eau un ballon de football. En dépit de toute la force et toute l'attention que vous y mettez, il rebondira toujours à la surface.

Plus nous essayons d'oublier un problème, plus nous sommes conscients de ce problème. Écoutez ce que la vérité s'efforce de vous apprendre sur la force que vous détenez au lieu d'obéir à la faiblesse qui vous dit où vous cacher. La plus grande force qui puisse véritablement vous porter secours est votre état de veille. Les comportements autodestructeurs inconscients, mécaniques, ne vont pas à la cheville d'une telle conscience, car sa force provient de son éclairage intérieur. La lumière annule *toujours* l'obscurité. Seul ce qui va mal en vous cherche à vous faire oublier ce qui ne va pas. Ce qui est positif en vous sait que la seule chose qui va mal en vous est que vous *ignorez* ce qui ne va pas. Et voilà la raison pour laquelle vous continuez à souffrir.

En même temps que nous ensevelissons une souffrance, nous en dissimulons la cause. Pourtant, chaque crise que nous traversons essaie de nous montrer qu'elle comporte une leçon et que nous n'en tirerons aucun bienfait si nous quittons la classe. Voilà un aperçu de la liberté qui vous attend si vous osez vous souvenir de vous-même quand tout, en vous, vous pousse à oublier et à vous enfuir.

En étant conscient de votre souffrance, quelle qu'elle soit, vous découvrirez un jour avec étonnement et reconnaissance que les douleurs et les souffrances de l'existence ne sont pas en *vous*. C'est vrai. Tous nos malheurs se cachent *dans l'idée que nous nous faisons* de nous et de la façon dont la vie devrait nous traiter.

Quoi que nous en pensions, la leçon d'une collision émotionnelle ne provient pas de l'impact lui-même. Ce serait trop commode : il nous suffirait, psychologiquement, de blâmer l'autre conducteur, de nous procurer une nouvelle voiture et d'emprunter une route différente. Un tel raisonnement provoque accident sur accident tout au long de notre vie. Ce que chacune de ces collisions s'efforce de nous faire comprendre est que la seule chose qui ne va pas dans notre vie est son conducteur : il prétend connaître le chemin qui nous ramènera à la maison, mais il en ignore tout.

Comment transformer la vie que vous vous donnez

Nous affrontons la vie et ses vicissitudes munis de ce que nous savons. Les événements quotidiens et leurs mille et un détours complexes et inattendus nous défient de leur apporter notre meilleure réponse. Quand nous l'avons trouvée, nous nous élançons avec elle dans le feu de l'action et nous attendons de voir ce qui se produira. Dans chaque circonstance, ce défi et cette réaction se répètent jusqu'à ce que la situation se résolve d'elle-même favorablement ou non.

Ce que j'essaie de dire ici, c'est que nos actes sont commandés par ce que nous savons. Cela peut paraître évident, mais en y regardant de plus près, surtout compte tenu de notre désir de nous élever à un plan supérieur et de retirer de la vie de plus grands bienfaits, nous ferons une découverte étonnante. Lisez très attentivement les trois prochains énoncés. J'ai subdivisé ce trio en trois paragraphes pour en faciliter la lecture, mais ils sont étroitement liés entre eux. Chaque concept supérieur engendre le suivant, et s'il est bien compris, l'ensemble nous livre un grand secret.

> Avant de pouvoir obtenir quelque chose de différent dans cette vie, il nous faut faire quelque chose de différent.

> Avant de pouvoir faire quelque chose de différent de cette vie, il nous faut connaître quelque chose de différent.

> Avant de pouvoir connaître quelque chose de différent dans cette vie, nous devons nous douter, et puis nous assurer que notre niveau actuel de perception est la cause de ce que nous désirons transformer.

Renversons maintenant l'ordre de ces énoncés et voyons s'ils fonctionnent dans l'autre sens.

> Tant que vous ne connaissez pas quelque chose de différent, vous ne pouvez rien faire qui soit différent.
>
> Tant que vous ne faites pas quelque chose de différent, vous ne pouvez rien obtenir de différent.
>
> Et tant que vous n'obtenez pas quelque chose de différent dans votre vie, vous ne pouvez pas savoir ce qui vous a manqué ni tout ce qui vous reste à apprendre.

Tout est là. Essayer de changer quelque chose à sa vie sans d'abord changer ce qu'on *sait* de la vie équivaut à mettre des vêtements secs sur des vêtements mouillés, puis à se demander pourquoi on frissonne. Il vous faut cesser d'essayer de changer ce que vous allez chercher pour vous-même, et vous efforcer de transformer ce que vous vous *donnez* à vous-même.

Vous devez à tout prix comprendre que la vie ne vous prive pas de ses richesses. En réalité, c'est vous qui vous privez de la vie en laissant libre cours à un faux moi qui croit que vivre, c'est souffrir, et que tout ce qui nous protège de la cruauté du monde, ce sont les biens matériels que nous possédons. Nous ne pouvons pas nier que nous vivons dans un monde de plus en plus cruel, mais nous ne pouvons pas davantage nier que nous sommes le monde. Notre univers personnel et celui du monde entier ne sauraient se transformer tant que nous nierons le rapport entre *ce que nous vivons* et *la personne que nous sommes*. C'est la raison pour laquelle nous devons acquérir de nouvelles connaissances. La connaissance spirituelle n'est pas une chose mystérieuse ou éthérée. En fait, la connaissance spirituelle est le savoir le plus pratique et le plus important qu'une personne puisse avoir;

au bout du compte, c'est notre connaissance de nous-mêmes, de qui nous sommes vraiment, et notre qualité de vie en dépend.

En vérité, nous ne pouvons pas séparer nos réponses de nos actes et nos actes de leurs conséquences. S'ils nous semblent distincts, c'est qu'ils se produisent souvent à des moments différents. En fait, ils sont une seule et même chose. Nous sommes capables de saisir facilement ce concept, mais nous n'en avons pas encore compris la signification profonde. Cette question a déjà été abordée. Revenons à notre vieille maxime: « On récolte ce qu'on a semé. » Nous pouvons déjà donner un sens nouveau à cet enseignement du Christ. Ce que l'on sème, c'est la graine, ou, pour les besoins de la métaphore, la connaissance. Ce que l'on récolte, ce sont les conséquences. Une telle vérité spirituelle nous montre l'importance qu'il y a à repenser ce que nous croyons savoir. La vie s'efforce de nous toucher et de nous dire, par le biais de notre expérience, que nous avons besoin de principes nouveaux et authentiques. Tout principe nouveau et authentique est une sorte de havre personnel et sage; il interdit facilement l'accès à tout ce qui est néfaste et il préserve en nous ce qui nous est vital et propice. C'est là son rôle.

Cinq fascinants nouveaux principes, cinq actions et cinq résultats

Pour montrer comment les principes nouveaux et authentiques peuvent vous être bénéfiques, j'ai préparé cinq exemples. Vous constaterez que chacun d'eux comporte aussi une action nouvelle et un résultat nouveau. N'oubliez pas: chacune de ces cinq sections représente une seule action. Car on ne saurait séparer les principes des actions et les actions de leurs résultats. Tout comme la chaleur naît du soleil, une vie supérieure, plus heureuse, prend forme lorsqu'on permet à la lumière intérieure de se répandre.

1. **Nouveau principe**: le vrai courage est le refus d'agir par faiblesse.
   Nouvelle action: décelez la faiblesse que vous avez confondue avec le courage; l'anxiété que vous avez appelée inquiétude; la colère que vous avez appelée vertu. Osez vivre sans ces pouvoirs factices.

Nouveau résultat: le chaos intérieur, la douleur de constater que votre courage vous fait si souvent défaut s'estomperont. En même temps, vous verrez naître en vous une force nouvelle qui ne se changera jamais en faiblesse.

2. **Nouveau principe**: ayez le courage de persévérer même si vous savez que vous avez peur.
   Nouvelle action: osez avancer pas à pas, même en chancelant.
   Nouveau résultat: Vous vous affranchirez de la peur, car la peur ne saurait exister là où la connaissance est plus grande que la peur.

3. **Nouveau principe**: pardonner, c'est comprendre qu'entre vous et la personne qui vous a offensé il n'y a que les circonstances qui diffèrent.
   Nouvelle action: malgré ce que vous crient vos voix intérieures, osez agir avec la personne qui vous a offensé comme vous voudriez la voir agir avec vous.
   Nouveau résultat: quand vous cesserez de punir les autres pour leurs faiblesses, vous cesserez de vous punir pour les vôtres.

4. **Nouveau principe**: la compassion est le refus conscient d'ajouter aux souffrances d'une autre personne, même si cela peut sembler accroître les vôtres.
   Nouvelle action: osez porter un fardeau mental et émotionnel cent fois plus lourd que celui que vous portez déjà.
   Nouveau résultat: la souffrance même nous laisse deviner qu'il n'y a pas de victime.

5. **Nouveau principe**: le véritable espoir provient de la certitude qu'il y a toujours une solution supérieure.
   Nouvelle action: constatez qu'à chaque fois que vous souffrez ou que vous vous sentez vaincu, c'est parce que vous vous agrippez à ce qui vous est néfaste. Osez lâcher prise et vous ne perdrez rien d'autre qu'une idée défaitiste.
   Nouveau résultat: une nouvelle vie qui ne craint ni les défis du dedans ni ceux du dehors, car la défaite ne saurait exister qu'en l'absence de la volonté de connaître.

Maintenant que vous avez réfléchi à ces cinq principes nouveaux et authentiques, peut-être serez-vous tenté d'en formuler quelques-uns de votre cru. C'est un exercice extrêmement profitable qui peut faciliter votre évolution intérieure. Ne vous découragez pas si aucune idée ne vous vient à l'esprit. Vous serez payé de retour pour vos efforts, car la plus infime recherche d'un principe nouveau *est en soi* un principe nouveau. Plus vous travaillez avec ces principes de vérité, plus ils travailleront pour vous. N'oubliez jamais que pendant que vous réfléchissez à des concepts supérieurs comme ceux-là, de nombreux aspects cachés de votre moi s'efforceront de vous faire faire fausse route. Ils savent que l'éclairement spirituel auquel vous parviendrez vous soustraira à leur influence et vous donnera la vraie sécurité. Peu importe ce que vos voix intérieures vous diront, quiconque préfère la vérité à tout le reste ne perdra jamais rien, sinon ce qui était factice.

Le secret du bonheur durable

Il existe un bonheur supérieur, une perle, en comparaison duquel tous les autres bonheurs ne sont que des cailloux. Mais pour que ce trésor vous appartienne, il faut que vous osiez naviguer jusqu'au bout du monde, là où, dit-on, il s'arrête et plonge dans le néant.

Tout comme nous devons nous préparer minutieusement avant une importante expédition, prenons quelques minutes pour jeter les fondements de notre voyage intérieur. Ces nouvelles connaissances, ajoutées à votre désir de parvenir avec succès au bout de votre quête, vous pousseront en avant, hors de votre vie chétive et jusqu'au vrai bonheur. Il n'est pas possible de vous transmettre concrètement l'importance de ces concepts inédits. J'ai fait ce que j'ai pu pour que la matière abordée soit vivante aux yeux du lecteur, mais rien n'éclaire mieux ces concepts supérieurs de vie que votre désir sincère de les comprendre. Faites votre part, et la vérité fera le reste. Je puis vous montrer une prairie remplie de fleurs multicolores, mais il vous faudra y marcher tout seul si vous voulez en respirer les parfums.

Imaginons un instant que vous ayez froid. Vous le dites à quelqu'un et, ô surprise, cette personne vous offre une carte postale représentant un feu de cheminée. Votre ébahissement est grand, mais la carte ne saurait vous réchauffer. Pourquoi ? Parce que l'image des flammes, l'*idée* d'un feu, ne dégage aucune chaleur. L'idée d'un verre d'eau n'est pas de l'eau, et une idée ne saurait pas plus apaiser votre soif que les mots « canot de sauvetage » ne vous sauveront si votre navire fait naufrage.

Tout cela peut vous sembler évident, et vous vous demandez où je veux en venir. Voilà. Nous venons de voir, grâce aux simples objets de l'exemple qui précède, que *l'idée n'est pas la chose*. Pourtant, cette vérité n'est plus aussi évidente quand il s'agit de l'appliquer à nos pensées et à nos sentiments. Nous sommes persuadés que ces mouvements intérieurs sont réellement ce qu'ils prétendent être.

Qui, par exemple, ne s'est pas senti triste et n'a pas dit ensuite : « Je me sens triste » ? Le sentiment de tristesse est sans aucun doute sincère ; mais *en réalité*, il n'y a là personne qui puisse éprouver de la tristesse.

Nous avons vu plus tôt que l'idée n'est pas l'objet, et le même principe supérieur s'applique dans le domaine des sentiments. La phrase qui suit vous aidera à mieux comprendre. Relisez-la plusieurs fois, et laissez-vous pénétrer de son sens. *Vous ressentez* la tristesse et la joie, *vous n'êtes pas* la tristesse ou la joie.

Un sentiment n'est que cela : un sentiment. Il n'a aucune existence propre. Lorsqu'il s'agit d'un sentiment agréable, vous voulez qu'il dure, car vous vous êtes identifié à tort à la sensation de plaisir qu'il procure. Vous croyez *être* ce sentiment. Cette erreur sur la personne ne vous causerait aucun problème, mais lorsque le sentiment de bonheur décroît, ce qui est le cas de tout sentiment, la sensation de plaisir qu'éprouvait le moi décroît aussi, et le cycle de recherche du bonheur s'enclenche de nouveau.

— Cela explique pourquoi je me sens parfois prisonnier de ma propre quête de plaisir. C'est comme être dans un grand carrousel dont on ne peut descendre, car il n'arrête jamais de tourner. Comment faire pour mettre fin au cercle vicieux ?

— Réfléchissez profondément au principe supérieur suivant. Il vous aidera à vous élever plutôt qu'à tourner en rond. *Vous pensez chercher le plaisir, mais ce que vous cherchez, c'est la durée.*

— Quelle idée extraordinaire. Mais la durée n'est-elle pas aussi une sensation ?

— Non. Le plaisir de la durée n'est pas un sentiment mais un niveau spirituel. Cette conscience supérieure peut accueillir tous les sentiments, agréables ou non, qui vont et viennent, mais elle reste calme, sans effort, et le flux et le reflux des émotions ne l'érodent pas. Votre plaisir consiste pour vous à *être*, non pas à ressentir.

— Que dois-je faire pour parvenir à cet état supérieur ?

— Vous aurez déjà fait un bon bout de chemin quand votre désir de demeurer conscient de vos joies sera aussi fort que votre désir de vous perdre dans les sensations qu'elles vous procurent.

— Pouvez-vous m'expliquer pourquoi une telle conscience est si importante ?

— Bien sûr. Seule la conscience de vos joies vous permet d'en jouir sans avoir l'impression que vous disparaîtrez avec elles quand elles prendront fin.

— C'est tout à fait sensé. Comment cela fonctionne-t-il ?

— Avant que je réponde, vous devez savoir qu'il est important que vous découvriez ce processus par vous-même. Il n'y a pas d'autre moyen pour vous de vous assurer que la durée personnelle est possible. Ce nouveau savoir ressemble à un puissant phare qui se tiendrait à la fois au centre et à la périphérie de la tempête qui fait rage autour de lui. Son faisceau de lumière ne flanche pas, même s'il doit traverser toutes sortes d'orages. Rien ne le modifie ou ne l'altère dans son essence, car la lumière est en tout point différente des autres forces qu'elle pourrait rencontrer en mer. De même, votre vrai moi ne saurait se laisser emporter, que votre mer intérieure soit furieuse ou calme. Vous restez heureux, car votre plaisir réel consiste à savoir que vous *êtes* cette constance.

Je vous suggère de retourner au chapitre 3 pour récapituler la section intitulée « Connaissance de soi supérieure et autosurveillance ». Vous y trouverez d'autres aperçus de cette nouvelle connaissance qui conduit au bonheur supérieur et durable.

Voici cinq éléments de réflexion pour vous aider à atteindre le bonheur durable.

1. Si vos joies sont des sensations à leur naissance, elles seront des sensations au moment de leur mort... mais la sensation du plaisir qui s'estompe n'est pas du tout agréable.
2. Le faux moi n'est heureux qu'en fonction de sa plus récente impression de lui-même, tandis que votre vrai moi est en lui-même satisfait.
3. Courir après le plaisir pour apaiser la souffrance, c'est courir après le vent pour se rafraîchir.
4. Vouloir trouver son bonheur dans ses seuls sentiments, c'est chercher l'escalier d'un arc-en-ciel.
5. Nous ne sommes pas nés pour posséder ce monde, mais pour nous élever au-dessus de lui.

Chapitre cinq

Comment se laisser porter par le courant

Au début du siècle, avant l'ère des grandes autoroutes, des supermarchés et des géants de l'alimentation, les petits agriculteurs devaient transporter leur récolte par camion ou par charrette jusqu'au marché central de leur région. Certains d'entre eux, qui vivaient plus isolés que les autres, devaient parfois parcourir jusqu'à cinq cents kilomètres pour vendre leur récolte. Pour ces gens courageux qui travaillaient sur de petites fermes éloignées, il n'y avait guère d'autres occasions de voir des gens qui ne soient pas de la famille. On avait très hâte de se rendre au grand marché ouvert, où l'on pouvait échanger des articles d'artisanat, se procurer de la marchandise en magasin, consulter les plus récents catalogues, et échanger des salutations avec une bonne centaine de personnes. Si on ajoute la récompense financière qui marquait la fin d'une autre saison, tout cela faisait du voyage annuel au marché un moment passionnant pour tous.

Voilà pourquoi le vieux fermier qui goûtait l'ambiance du marché ne comprenait pas qu'on puisse s'y sentir fatigué et déprimé. Pourtant, appuyé contre un des montants d'une grande tente, il aperçut un jeune fermier qui avait l'air très malheureux.

« Quel peut donc être son problème ? » se demanda-t-il. La température avait été particulièrement clémente cette année-là, et la récolte de tous les fermiers présents, y compris celle de ce jeune homme, avait été exceptionnelle. Il réfléchit un instant et décida de se conduire en bon voisin. Il s'approcha de lui.

— Puis-je faire quelque chose pour vous ? demanda-t-il le plus gentiment du monde. N'obtenant pas de réponse, il essaya une approche différente. « Ce n'est pas que je veuille être indiscret, mais on dirait bien qu'un coup de main ne vous ferait pas de tort. »

Le jeune fermier regarda son aîné sans toutefois lever la tête. « Merci. Il n'y a rien que vous puissiez faire. »

— Comment le savez-vous ? poursuivit le vieil homme.

Au bout d'un long silence, le jeune fermier parla enfin.

— Vous ne pouvez pas comprendre, dit-il. C'est mon tracteur. Parfois, les ennuis qu'il m'occasionne n'en valent vraiment pas la peine.

— Quel est le problème ?

— Je ne sais pas. Certains jours, il fonctionne moins bien que d'autres. Cette saloperie de machine nous éreinte parfois tellement qu'on en perd le goût de cultiver, ma famille et moi.

En écoutant le jeune fermier se confier à lui, le vieil homme eut l'intuition que quelque chose clochait.

— Il ne fonctionne pas bien, dites-vous ? Je pourrais y jeter un coup d'œil, un de ces jours. Je me débrouille pas trop mal avec tous ces nouveaux machins.

— Bien sûr. Les yeux du jeune homme s'allumèrent un moment. Je ne crois pas que vous y puissiez grand-chose, mais ça nous fera plaisir de vous voir. Et vous resterez à dîner pour votre peine.

Il indiqua le chemin au vieil homme.

Quelques semaines plus tard, après une demi-journée de route, le vieux fermier engagea sa charrette alourdie d'outils sur le chemin qui conduisait à la ferme du jeune homme. Droit devant, loin dans un champ, il le vit avec sa femme et ses deux fils. Ils poussaient un petit tracteur dans les sillons.

— Salut ! fit le vieux fermier dès que sa charrette fut à portée de voix. Ça ne va toujours pas, à ce que je vois ?

Le jeune fermier sourit et dit: «Comment! Ça va plutôt bien aujourd'hui, je dirais!»

Le vieil homme en fut abasourdi. C'était impossible. Il avait une question sur le bout de la langue, mais il hésitait à la poser.

— Voulez-vous dire, fit-il, en espérant adopter le ton juste, que vous poussez toujours ce tracteur pour qu'il avance?

Le jeune homme le regarda, irrité, on eût dit, par la stupidité de sa question.

— Comment ferait-il son travail si je ne le poussais pas?

Le vieux fermier comprit tout à coup pourquoi ce jeune homme lui avait semblé si fatigué et si abattu au marché. Il lui dit, le plus doucement qu'il en était capable: «Mon garçon, un tracteur, on s'assoit dessus, on ne le pousse pas!»

Il fallut beaucoup d'explications, plusieurs voyages en ville, et pas mal de travail et d'huile, mais le vieux fermier prit un jour congé du jeune homme et de sa famille. Le tracteur roulait à merveille. La bonne humeur régnait. Tout était parfait. La vie était belle.

Bien entendu, j'admets avec vous qu'une pareille aventure n'aurait sans doute jamais pu se produire. Pourtant, l'histoire du tracteur incompris recèle une importante leçon pour quiconque en a assez de pousser sur la vie. Tout ce stress vient de votre obstination. Ce n'est pas plus compliqué que cela. C'est votre conviction de devoir pousser la vie dans la direction de votre choix qui vous fatigue tant et qui complique tant vos rapports avec elle. Votre désir de contrôler la vie provient de ce faux rapport. La réalité poursuit son petit bonhomme de chemin sans effort; vous pouvez l'y rejoindre, ou vous débattre sans fin dans la voie que vous avez choisie. *Flotter ne requiert aucun effort*. Pourquoi pousser quand vous pouvez apprendre à rouler?

En procédant autrement, vous pouvez apprendre à vous déplacer dans une nouvelle vie, poussée par une brise favorable sous des cieux cléments. Dans son livre extraordinaire intitulé *The Power of Your Supermind*, Vernon Howard parle de cette vie nouvelle n'exigeant aucun effort.

Les gens perdent leur temps à vouloir que les choses s'accomplissent sans effort de leur part. Une telle vie est possible, mais seulement après qu'on a fait le nécessaire. Cela ressemble à un cerf-volant. Si vous appuyez le cerf-volant sur le vent, il volera tout seul. La vie est notre appui, c'est-à-dire que nous devons trouver la vraie vie de l'esprit supérieur, et non pas nous contenter d'une imitation.

Il est question de cela dans le *Tao Teh King*, le grand livre de la sagesse orientale. On y dit que l'homme qui obéit à la Voie connaît d'inépuisables bonheurs.

Imaginons un petit garçon qui s'efforcerait de faire voler son cerf-volant sans rien connaître aux vents. Il dépose le cerf-volant sur le sol et essaie de lui faire prendre son envol en soufflant le plus fort qu'il peut. Sa frustration le rendrait réceptif si un garçon plus âgé lui parlait du vent. Il lui suffirait ensuite de substituer l'effort correct à l'effort incorrect pour que son cerf-volant vole sans la moindre difficulté[1].

Un remède efficace contre ce qui vous bouleverse

Imaginez un couple bien mis, installé à une table dans un restaurant sophistiqué. Ils discutent d'une question qui leur tient tous les deux beaucoup à cœur. Au début de leur conversation, il est cordial et détendu, et elle sourit chaleureusement. À mesure que le temps passe et que chacun exprime ses intentions, l'homme se raidit sur sa chaise et son attitude se durcit. Le sourire tantôt chaleureux de la femme se fige en un mince rictus. Chacun des deux envoie des messages à l'autre. Ces signaux invisibles disent: « Ne me pousse pas à bout. » Ces messages en cachent un autre, dont tous les deux sont conscients: « Ne m'oblige pas à recourir à la violence. »

Sauf pour de rares exceptions, nous nous entendons tous pour dire que la violence devrait être notre ultime recours, dans quelque situa-

1. Vernon Howard, *The Power of Your Supermind*, Prentice Hall, 1967.

tion que ce soit. Pourtant, ce petit scénario met le doigt sur une réalité psychologique invisible, que masquent les apparences bien entretenues, soit que nous recourons *toujours* à une forme quelconque de violence quand les choses ne se déroulent pas comme nous le souhaiterions. Pourquoi, sinon, cette quête éternelle de pouvoir ? Personne n'aspire au pouvoir pour faire le bien à moins que ce ne soit dans son propre intérêt. Nous justifions cette recherche générale de pouvoir en déclarant qu'une fois riches, nous partagerons. L'ennui est que ce ne sont que mensonges. Primo, le faux moi n'en a jamais assez. En outre, quand il s'agit de faire le bien, le pouvoir est inutile. Le bien est son propre pouvoir. Nous aspirons au pouvoir, pour détenir la force d'influencer les événements, pour étouffer les grandes ou les petites révoltes et les conflits, qu'ils surgissent chez soi ou au travail.

Le pouvoir, qui le possède et qui n'en a pas, voilà ce qui semble décider qui pousse et qui se fait pousser. S'il nous faut choisir, nous préférerons pousser. L'ennui est qu'à ce niveau, un choix en vaut un autre, car que l'on pousse ou que l'on soit poussé, nous sommes tous perdants : pousser finit toujours en bousculade. Le plus incroyable de tout cela, comme nos auto-examens vont bientôt nous le démontrer, c'est qu'il n'y a là aucun *véritable* pouvoir personnel ou social possible. Qui plus est, nous découvrirons, à notre grand soulagement, qu'aucun n'est nécessaire. C'est exact. Parce que nous disposons d'un troisième choix. Ce troisième choix, ce choix supérieur, c'est *celui de vouloir ne rien faire*. Le paragraphe suivant vous aidera à mieux comprendre ce nouveau concept :

Aucun pouvoir au monde ne saurait vous donner la sécurité, car ce n'est pas ce monde qui vous menace ou vous bouleverse. Vous aspirez au pouvoir social et personnel parce que vous vous laissez dominer par vos pensées et vos sentiments. *Votre moi sous-développé vous punit, car il ne comprend pas encore qu'il est lui-même le bouleversement qui lui semble venir d'ailleurs. Ainsi, votre nature inconsciente vous pousse vers une quête d'autorité et de pouvoir, dans l'espoir que les posséder vous donnera le contrôle de votre propre vie. C'est comme lancer un caillou dans une mare pour en apaiser les remous. Plus vous en lancez, plus vous faites des vagues. Voilà pourquoi ce à quoi vous aspirez vraiment, c'est ne rien faire.*

— Je crois comprendre où vous voulez en venir, mais si le pouvoir social et financier ne saurait me procurer la sécurité, d'où me viendra-t-elle ?

— Récapitulons d'abord brièvement la matière que nous venons de voir. Nous aspirons au pouvoir personnel parce que nous nous laissons dominer par nos sentiments. Nos réactions nous contrôlent. Nous en souffrons, car notre nature véritable, originelle, se veut libre, débarrassée de pensées et de sentiments contraignants, défaitistes et compulsifs. L'ennui est que notre vie spirituelle primaire nous incite à croire que tous nos malheurs sont causés par des circonstances ou des personnes extérieures à nous. Nous voulons les dominer dans l'espoir que ce pouvoir nous permettra par le fait même de dominer les sentiments déplaisants que nous ressentons. Ne voyez-vous pas que cette sorte d'aplomb est vouée à l'échec depuis le début ?

— Oui, absolument, seulement il me semble maintenant qu'il n'y a aucune issue. Où trouve-t-on la force nécessaire à notre bonheur ?

— Vous ne la trouverez pas en une personne, en un lieu, en un bien matériel, une idée ou une conviction, mais dans le fait que votre nature supérieure, durable, ne requiert aucune force extérieure pour affronter ses adversaires du dedans ou du dehors. Sa force, c'est ce que nous appelons le *pouvoir silencieux*. Lui seul peut accomplir pour vous ce que vous n'avez pas su accomplir pour vous-même.

— Qu'est-ce que ce pouvoir silencieux ? Comment puis-je m'en servir ?

— Si vous voulez vraiment connaître la réponse à votre question, rien au monde ne vous empêchera de la trouver. Permettez que je vous en donne un aperçu. *Le pouvoir silencieux consiste à comprendre qu'il ne sert à rien de réagir à ce qui vous bouleverse*. Vous ne devez pas réagir. De mauvais exemples, des idées reçues vous ont fait croire que vous êtes responsable de pensées et de sentiments négatifs tels que la peur, la colère et la haine, qu'ils vous appartiennent. Mais si vous en êtes responsable, vous ne leur devez *rien*. Ces peines et ces idées noires ne vous appartiennent pas. Elles ne vous ont jamais appartenu et elles ne vous appartiendront jamais, quoi que s'efforcent de vous faire croire vos imposteurs intérieurs.

— J'aime ce que vous dites. Pourriez-vous m'expliquer aussi ce que signifie que je suis responsable de mes peurs, mais que je ne leur dois rien ?

— Il n'est pas normal pour un être humain quel qu'il soit de subir une quelconque domination. Votre seule vraie responsabilité consiste à comprendre cette réalité. Une fois que vous l'aurez comprise, vous percevrez correctement vos idées noires et vos sentiments défaitistes, c'est-à-dire que vous saurez qu'ils ne vous concernent pas. Je ne dis pas que vous devez agir comme s'ils n'existaient pas. Il est très important que vous le compreniez, car si le fait de prétendre que l'éléphant qui charge n'est pas là, ou encore qu'il ne s'agit en réalité que d'un gentil petit lapin peut vous rassurer pendant une seconde, vous n'en êtes que plus sûrement en danger. Voir l'éléphant, le reconnaître pour ce qu'il est permet à votre perception de vous guider où vous devez aller, c'est-à-dire loin de la jungle.

Aucune peine, aucun bouleversement ne vous appartient. Ces ombres menaçantes qui poussent des cris vous habitent sans aucun doute, mais qui a dit qu'elles étaient à vous ? Quand nous nous promenons au jardin zoologique, nous ne nous identifions pas aux grondements des animaux, pourquoi voulons-nous alors à tout prix transformer ce qui est sombre en quelque chose de lumineux ? Avez-vous jamais tenté de faire taire des chimpanzés ou des oiseaux en criant aussi fort qu'eux ? Plus vous insistez pour qu'ils se calment, plus ils s'agitent. La même loi s'applique en nous. Quand nous tentons par la force de chasser une peur, nous ne faisons qu'en augmenter la force. Aucun pouvoir ne saurait transformer l'obscurité en lumière. Essayez de vous souvenir de cela la prochaine fois que vous aurez envie de vous libérer d'une idée noire ou d'un sentiment de défaite. Songez au pouvoir silencieux. Taisez-vous. Le silence et la lumière intérieure accompliront pour vous ce que vous n'avez pu accomplir par vous-même. Vos sombres ciels intérieurs deviendront bleus. Taisez-vous. Laissez passer les nuages noirs de vos pensées et de vos sentiments. Le soleil est caché derrière.

N'ayez plus peur de ne pas être quelqu'un

Comment se fait-il que nous remettions tout en question et que nous nous efforcions de transformer le monde dès que nous nous sentons concernés, mais que nous ne doutions jamais de nos propres convictions, peu importe le stress et l'anxiété qu'elles engendrent ? Par exemple, nous ne songerions même pas à plonger dans notre baignoire pour y chercher un trésor, car nous savons pertinemment que nous n'y trouverions que des faux bijoux. Pourtant, nous plongeons chaque jour tête première dans cette société, et nous essayons d'y devenir quelqu'un. À chaque fois, nous nous laissons berner par des promesses, en dépit du fait que nous n'avons jamais réussi qu'à nous hisser provisoirement pour, immanquablement, sombrer aussitôt après dans le doute. Voici ce que j'essaie de dire : *c'est la certitude de devoir devenir quelqu'un qui est notre punition, non pas la société qui se refuse à nous donner raison.*

En apprenant à nous connaître et grâce à certains principes de vérité, nous pouvons parvenir à une vie nouvelle. Si j'ai beaucoup insisté là-dessus, c'est qu'il est très important que vous le compreniez. La vérité n'est pas quelque chose de malcommode ou de lointain. La vérité est aussi proche et aussi immédiate que notre désir de comprendre pourquoi nous persistons à nous blesser nous-mêmes et à blesser les autres. Munis de cette bonne intention, examinons de plus près notre désir de devenir quelqu'un. En même temps, efforçons-nous de ne pas perdre de vue que notre façon de percevoir le monde est ce qui peut nous rassurer, et non pas ce que nous pouvons en retirer.

Tout le monde veut devenir quelqu'un. Pourquoi ? Demandez-le à n'importe qui ; voici ce qu'on vous répondra : être quelqu'un, c'est détenir un certain pouvoir. Le pouvoir est nécessaire ; sans lui, nous ne pouvons pas nous isoler pour ne pas être écrasés par toute une société d'autres individus qui aspirent à la même chose que nous, c'est-à-dire à devenir quelqu'un. Bref, l'idée de devenir quelqu'un comporte la certitude généralisée que notre sécurité et notre bonheur terrestres dépendent totalement de notre succès à y parvenir. Ouvertement ou non, la majorité des gens pense de cette façon, et cette certitude, cette chasse au trésor dans la baignoire, contient en germe tout le malheur de l'humanité.

Tout comme la belle pomme empoisonnée que la méchante sorcière offrit à Blanche-Neige, cette certitude cache également son contraire, un contraire qui se terre en élevant la voix dans le psychisme de chaque individu, à son insu, trop loin pour qu'il entende son message, mais assez près pour qu'il puisse sentir sa présence. Ce sentiment contraire, c'est la peur. Elle dit clairement que si nous ne devenons pas quelqu'un, nous ne connaîtrons jamais la sécurité. Le terrible message secret, quasi inébranlable de la peur est que si nous ne devenons pas quelqu'un à nos propres yeux ou aux yeux des autres, nous serons sans pouvoir, et que sans pouvoir, nous péririons et nous disparaîtrons. Voilà ce qui pousse les hommes et les femmes au seuil de l'épuisement. Ce n'est pas la promesse de devenir quelqu'un d'éternellement heureux, mais la menace d'un malheur sans fin qui nous pousse vers la réussite, quel que soit le prix que doive payer l'individu ou la société. Nous ne courons pas après quelque chose, après un but ou un rêve, nous fuyons quelque chose. Nous fuyons la peur de n'être personne.

Cette course est impossible à gagner, ainsi que nous le verrons, car nous sommes prisonniers de ce que nous tentons de fuir. Exactement. Jusqu'à présent, la peur a balisé la route et donné l'allure. Cela montre bien pourquoi il nous est si difficile de nous détendre, même quand le temps est venu pour nous de le faire. Le fait est que plus nous nous efforçons de devenir quelqu'un, ou croyons y parvenir, plus nous avons l'impression d'être en danger. Heureusement, ce problème n'est pas nouveau, et ce n'est pas là que se trouve sa vraie solution. À travers les âges, des hommes et des femmes éclairés en sont venus à comprendre ces pièges intérieurs autodestructeurs et, ce faisant, à trouver une liberté durable. Il peut en être de même pour vous.

Le brillant philosophe et maître J. Krishnamurti a déjà parlé de cette invisible tristesse, il y a plus de cinquante ans, lors d'une conférence qu'il a prononcée devant des étudiants, à Ojai, en Californie. Il y a aussi révélé le secret qui permet de remporter à jamais la victoire sur soi-même.

> Si vous êtes mentalement, émotionnellement et physiquement pauvre, n'est-il pas vrai que vous voulez vous enrichir ? Vous désirez posséder un esprit fort, une solide capacité d'émotion. Mais cela équivaut à rechercher un contraire, et le contraire

contient ce que vous tentez de fuir. Ce que vous recherchez contient ce dont vous voulez vous éloigner. Si vous êtes pauvre, vous voulez être riche, et vous savez, par contraste, ce que signifie être riche. En recherchant mentalement la richesse, votre désir crée son contraire. Tandis qu'en admettant votre pauvreté, *et en vous efforçant de vous libérer de l'idée de pauvreté*, vous détruisez son contraire.

Si vous détestez quelqu'un, il est inutile de vous dire que vous devez l'aimer; cela n'engendre que de l'hypocrisie. Mais si vous vous efforcez de vous libérer de l'idée d'antipathie, vous vous libérez de l'opposition sympathie/antipathie elle-même. Vous ne pouvez pas faire cela mentalement. Vous ne pouvez pas dire: « Je dois me libérer de l'idée d'antipathie », et vous mentir intellectuellement. Le fait d'admettre ce que vous êtes sans chercher à le fuir, voilà ce qui débouche sur la libération des contraires.

Comment ne pas se laisser miner par l'inquiétude

Il y a plusieurs années, j'avais plaisir à regarder une émission de télévision intitulée *Spanky and Our Gang*. Chaque épisode racontait les mésaventures d'une petite bande d'enfants. Vous vous souviendrez peut-être qu'ils s'appelaient, entre autres, Alfalfa, Spanky, Froggy, Darla et Buckwheat. Je n'ai jamais oublié l'un des épisodes dont j'aimerais vous parler, nous verrons bientôt pourquoi. En voici un bref résumé.

Les enfants allaient avoir de sérieux problèmes le lendemain, car leur institutrice les avait prévenus qu'elle leur imposerait un examen surprise. Or, tard cette nuit-là, une nuit sans lune, ils entrèrent par effraction dans leur classe dans le but de voler l'examen et d'en apprendre les réponses. Au beau milieu de leur méfait, un petit garçon de couleur appelé Buckwheat trébucha dans une corde, causant tout un chahut. Le bruit et le chaos qui s'ensuivirent incitèrent la bande à prendre la fuite. Les enfants couraient dans tous les sens. Buckwheat n'avait qu'une idée en tête: échapper à cette terrible situation. Mais la corde, enroulée à son insu autour de sa cheville, le suivait toujours. Bien entendu, l'autre extrémité se prit dans le pied mobile du squelette du cours de sciences naturelles. Buckwheat eut aussitôt l'impression qu'une créature terrifiante le pourchassait et qu'en dépit de tous ses efforts, il n'arrivait pas à semer cette ombre dont les os claquaient dans un bruit assourdissant.

La scène était hilarante, sauf pour notre pauvre Buckwheat. Plus il courait vite, plus son cauchemar le poursuivait. Il ne pouvait pas fuir le squelette tremblant puisqu'il y était attaché ! Vous voyez ce que je veux dire ? Si Buckwheat avait compris la situation dans laquelle il se trouvait, il aurait immédiatement cessé de courir. L'apparition terrifiante qui le pourchassait aurait roulé à ses côtés, puis, arrivée au bout de la corde qui la retenait, elle aurait culbuté. Le seul pouvoir qu'elle détenait était celui que lui conférait la peur de Buckwheat. Buckwheat avait peur tout simplement parce qu'il ne comprenait pas ce qui se passait.

Mais vous, vous pouvez le comprendre. Vous pouvez couper la corde qui vous retient à vos peurs et à vos inquiétudes. Nul doute que ce travail sur vous-même exigera beaucoup d'effort. Mais sachez que vous n'êtes pas seul. La vérité veut que vous réussissiez. Quand vous comprendrez que rien de réel ne vous menace, pourquoi ressentiriez-vous le besoin anxieux de vous protéger ? Quand vous saurez (ce qui ne manquera pas de se produire) que vous êtes depuis toujours une personne indépendante, possédant son identité propre, vous n'aurez plus à vous efforcer de devenir quelqu'un. Voilà la vraie réussite.

Ne vous sentez plus jamais prisonnier de la vie

Robert avait un sérieux problème. Sa petite main, qu'il avait pu glisser si facilement dans la jarre à biscuits, s'y était coincée. Il ne pouvait plus l'en extirper. C'était un véritable cauchemar. Au moment d'aller chercher son frère aîné à l'école, sa mère lui avait interdit de grignoter « des biscuits avant le souper ». Et maintenant, ils arrivaient, ils remontaient l'allée jusqu'à la porte. Dans une seconde, la porte s'ouvrirait. Sans réfléchir, le petit Robert courut vers sa mère en brandissant le pot de biscuits : « Au secours, maman ! J'étais dans la cuisine, et tout à coup le pot de biscuits s'est précipité sur ma main pour la manger ! »

Si le temps passe, nos problèmes, eux, restent les mêmes. Nous nous coinçons encore la main dans des jarres à biscuits que nous rendons responsables de tous nos ennuis. Seulement, les pièges auxquels nous nous prenons maintenant nous occasionnent des douleurs beaucoup plus grandes que les circonstances innocentes de notre enfance. En vérité, les larmes que nous avons versées ne nous ont rien appris. Blâmer le piège sur lequel vous marchez, c'est comme vous fâcher contre une frite trop chaude qui vous brûle la langue. Le seul pouvoir que puisse détenir un piège est celui que lui confère l'innocence qui nous y conduit. Autrement dit, dans le sens le plus noble et le plus poétique, nous nous prenons toujours à nos propres pièges. C'est d'autant plus vrai quand il s'agit du piège du pouvoir.

Comme tout piège intérieur invisible, le piège du pouvoir est une punition déguisée en promesse. C'est *uniquement* en rivalisant d'astuce avec le maître trappeur, soit le faux moi, qu'on peut éviter ce piège et tous les autres pièges intérieurs. Notre nature inférieure et fourbe a plus d'un tour dans son sac pour nous garder prisonniers de ses serres. Une de ses plus habiles duperies consiste à nous faire croire que la désagréable *sensation* d'être pris au piège est le piège lui-même. Le faux moi sait pertinemment que s'il parvient à nous convaincre de nous débattre contre l'expérience que nous vivons, c'est-à-dire le piège apparent, le *véritable* piège, c'est-à-dire la *cause* de notre souffrance, nous demeurera obscure. La vérité est que l'expérience, ou l'apparence du piège, ne nous garde jamais prisonnier. La sensation douloureuse d'emprisonnement est un effet du piège, *elle n'est pas elle-même le piège*. Plus nous tentons de transformer l'expérience, plus nous resserrons à notre insu les mâchoires du piège réel, intérieur et invisible.

Voilà pourquoi les sages ont, de tout temps, accordé une telle importance à la conscience de soi, à la vision. Le seul pouvoir d'un piège psychologique réside dans *notre* ignorance de sa présence. Dès que l'on préfère la lumière intérieure à la lutte contre l'expérience vécue, on détruit le piège qui nous retenait prisonnier. Et quand le piège n'existe plus, qu'en est-il de la douleur ou du besoin que nous avons de lutter et de fuir ? Permettez-moi de vous relater une histoire vécue qui illustre bien l'extrême importance de cette notion. Le décor et le nom des personnages ont été modifiés, mais les faits sont on ne peut plus réels. Voyez s'ils ne vous révèlent pas ce que vous savez déjà en votre âme et conscience.

Le secret le mieux gardé du monde

Assise dans la douce lumière de la terrasse, entourée de personnes influentes et élégantes, Alexandra vivait le moment qu'elle avait attendu toute sa vie. En sa qualité de nouvelle associée de l'entreprise, elle avait enfin été invitée à l'une des deux grandes réceptions que le P.d.g. offrait tous les ans dans son vaste domaine. Les géants du monde des affaires internationales se faisaient un point d'honneur de participer à ces fêtes auxquelles seul le « gratin » était invité. Elle avait entendu dire qu'on y brassait de très grosses affaires. Tous ces hommes et ces femmes représentaient le pouvoir dont elle voulait faire partie.

Cependant, se préparait à son insu une soirée extraordinaire, dont jamais elle n'aurait pu se douter. À ce jour, elle peut relater en détail les événements qui transformèrent si radicalement sa vie. Tout commença lorsqu'elle s'approcha du vice-président de son secteur et engagea avec lui une conversation détendue, mais chargée de questions. Après tout, elle était un nouveau membre du bureau, remarquée pour son intelligence et promise à un brillant avenir. Il lui parut donc tout à fait naturel de chercher à savoir ce que cet avenir lui réservait. En outre, personne n'ignorait qu'il était un personnage très influent, de sorte que le simple fait d'être vue conversant avec lui vous conférait une certaine importance. Pendant les trente minutes qui suivirent, Alexandra fut aux anges. Son supérieur lui dit qu'elle en viendrait à occuper une place de premier plan dans l'industrie, qu'elle tiendrait en somme les rênes du pouvoir.

Vers la fin de leur conversation, Alexandra remarqua que son supérieur paraissait distrait. Elle en ressentit une certaine anxiété. Si elle l'avait ennuyé ? Mais à son grand soulagement, elle vit que l'attitude de son supérieur provenait de ce que le P.d.g. lui-même, qui venait de faire son entrée, faisait des signes dans leur direction. Un instant plus tard, elle observa en silence les deux personnages les plus importants de sa vie s'isoler dans un coin de la pièce et se mettre à parler. Elle s'efforçait de deviner quelle importante question ils pouvaient bien débattre. Et si c'était elle, leur sujet de conversation ? Ne serait-ce pas fabuleux ?

En dépit de ce que lui dictait sa conscience, mais obéissant à son insatiable curiosité, Alexandra dénicha une cachette où, hors de vue, elle était à portée de voix des deux hommes. Ce qu'elle entendit pendant les minutes qui suivirent la renversa comme une vague se jette sur un château de sable. Il lui sembla que toute une portion de sa vie venait ainsi d'être submergée. Quelque chose n'allait pas. Sa propre réaction la troubla davantage que le contenu même de la conversation qu'elle venait d'entendre. Après tout, son supérieur n'avait fait qu'interroger calmement, mais anxieusement, son propre supérieur sur son avenir, comme elle l'avait fait elle-même dix minutes plus tôt. Que se passait-il donc ? Elle voulut mettre toutes ses cartes sur table, même si cela signifiait voir celles qu'elle s'était jusque-là cachées à elle-même. Elle voulait savoir. Rien ne l'arrêterait.

À compter de ce moment, Alexandra suivit en catimini le patron de son patron parmi les invités. Il était le P.d.g. de la société. Alexandra voulait savoir avec qui et de quoi il pouvait bien parler. Vers la fin de la soirée, alors qu'elle croyait avoir perdu sa trace, elle l'aperçut aux abords du patio qui discutait avec un autre homme qu'elle reconnut tout de suite comme étant le président du conseil de la huitième corporation en importance dans tous les États-Unis.

Aucun des deux ne la vit se glisser près des portes coulissantes, et aucun des couples de danseurs ne devina ses intentions. Elle seule savait. Et si elle ne s'était pas préparée d'avance mentalement à ce qu'elle était sur le point de découvrir, elle se serait effondrée sur-le-champ. Mais la conversation se jouait maintenant pour elle, son subconscient l'avait deviné depuis longtemps.

Tendant l'oreille aux propos étouffés des deux hommes, elle entendit le patron de son patron demander au puissant P.d.g. à quel avenir il pouvait s'attendre ! Alexandra comprit aussitôt qu'elle venait de tomber par hasard sur un des secrets les mieux gardés de toute l'humanité. Trente secondes de dialogue entre deux hommes venaient de lui révéler la source de son angoisse profonde de toujours. Elle comprit la raison qu'elle avait de douter des promesses solennelles qu'on lui faisait sans jamais les tenir. Ce n'est pas étonnant que tout le monde, même les personnes les plus influentes, tremble devant l'inattendu. En un éclair, Alexandra comprit tout cela et davantage encore. Ses yeux s'étaient dessillés. Sa propre quête de pouvoir l'avait tant aveuglée que jusqu'à ce moment, elle ne s'était jamais permis de réfléchir à ce qui paraissait être une douloureuse évidence.

À son insu, elle avait participé à une comédie humaine universelle, où chaque acteur se prétend suffisamment influent pour assurer l'avenir d'un plus faible. Mais chacun de ces pions ne détient pas le pouvoir d'apaiser ses *propres* peurs et ses *propres* doutes. Il est donc forcé à son tour de se tourner vers un plus puissant que lui qui, espère-t-il, saura lui venir en aide.

Chacun s'efforce tant de trouver quelque chose ou quelqu'un qui lui confère un certain pouvoir que personne ne s'aperçoit qu'il détient déjà ce pouvoir. Comment se fait-il qu'elle ne s'en soit pas rendu compte ? Elle avait perdu sa vie, jour après jour, en s'acharnant à escalader une échelle de pouvoir impuissante à la hisser au sommet. Elle s'était prise au piège d'un jeu où l'espoir de vaincre était la seule victoire possible. Du bas supposé de cette échelle jusqu'à son supposé sommet, chacun occupe exactement la même position. Tous ont peur. Elle craignait de s'en apercevoir, mais elle voit bien, maintenant, que c'est vrai. Tout n'est que faux-semblant. Les joueurs ne voient pas que compter sur l'aide de personnes impuissantes à s'aider elles-mêmes est un moyen infaillible pour engendrer la peur, l'anxiété et le ressentiment. Ne dirait-on pas deux hommes errant sans eau dans le désert ? Lorsque par hasard ils se croisent, ils se font croire qu'ils ont de l'eau dans l'espoir que l'autre partagera la sienne. Aucun ne peut étancher sa soif. Quel que soit le nombre de convives à un festin imaginaire, tous quitteront la table sans s'être rassasiés.

Jusqu'à ce fameux soir, Alexandra avait cru aspirer à dominer autrui. Maintenant, elle sait que ce qu'elle a toujours voulu, c'est se dominer elle-même. Elle avait toujours cru devoir mériter l'approbation et le soutien des autres. Elle sait maintenant que sa seule conquête valable est celle de son autonomie.

Résumons les points importants abordés dans ce chapitre.

1. *Nous nous prenons au piège du pouvoir quand nous cherchons notre force ailleurs qu'en nous-mêmes au lieu de découvrir les faiblesses qui sont à l'origine de notre quête.*
2. *Rechercher une force nouvelle qui puisse contrer une faiblesse ancienne est une perte de temps qui nous affaiblit. Ce qu'il nous faut, c'est une nouvelle perception.*
3. *Le vrai pouvoir ne recherche jamais le pouvoir. On n'a besoin d'aucun pouvoir autre que celui que nous confère l'éveil de notre vrai moi.*
4. *Si vous recherchez le pouvoir, vous vous laissez dominer par ce qui n'a aucun pouvoir et, en dépit des apparences, vous devenez de plus en plus impuissant.*
5. *Le seul pouvoir possible consiste à posséder ces parties de soi auxquelles on accepte d'avoir renoncé.*
6. *Rechercher l'indépendance en dépendant des autres équivaut à vouloir toucher les étoiles en se laissant glisser dans un trou.*
7. *Aucun homme n'est puissant s'il aspire au pouvoir.*
8. *La vérité a ceci de puissant que sa lumière seule est ce qui nous permet de comprendre que nous avons pris nos faiblesses pour des forces. La vraie force se manifeste d'elle-même aussitôt que l'on cesse d'agir par faiblesse.*

Ne ratez pas ce moment de métamorphose

La vérité n'est jamais très loin de nous dès lors qu'on recherche l'éveil et la guérison qu'elle procure, mais il y a des moments où elle se rapproche plus particulièrement. Malheureusement, la plupart de ces moments importants, aptes à opérer en nous des métamorphoses, nous échappent, car notre faux moi perçoit toujours la vérité comme un ennemi. Permettez-moi de démontrer ce que je viens de dire, de façon que vous puissiez reconnaître la vérité pour ce qu'elle est, c'est-à-dire une force amicale et bénéfique qui travaille *pour vous*, la prochaine fois qu'elle se manifestera. Si vous laissez la vérité agir comme elle l'entend, vous serez tel que vous le souhaitez, c'est-à-dire heureux.

Le pouvoir de guérison de la vérité n'est jamais si réel qu'au moment d'une crise. Toute véritable évolution intérieure est précédée d'une crise, car l'évolution spirituelle consiste à *se débarrasser* des pensées et des émotions qui ralentissent notre progrès. La raison pour laquelle une crise doit précéder chaque nouvelle étape dans l'authentique unité du moi est que cette crise, quelle qu'elle soit, nous montre que nous nous sommes accrochés à une conviction spécifique, un faux-semblant, une flatteuse et trompeuse image de soi qui ne concordent pas avec la réalité. Là où il y a conflit, il y a douleur. Lorsque cette douleur émotionnelle ou psychologique profondément enfouie dans l'inconscient en vient à faire surface, elle prend l'apparence d'une crise. Voilà pourquoi *toute crise est une rencontre avec la vérité*. Le conflit interne jusque-là indécelable qui sous-tend toute crise personnelle devient temporairement visible. En d'autres termes, une crise survient toujours lorsque le mensonge inconscient que nous nous infligions émerge et que nous le reconnaissons pour ce qu'il est. Voici un ou deux exemples de cela.

Un homme, croyant toujours avoir eu le contrôle de sa vie, se rend compte qu'il ne peut cesser de boire ou de parler ou de s'inquiéter. Il est parvenu à une croisée de chemins.

Une femme ayant toujours cru être aimante et douce, se voit devenir de plus en plus cruelle et sévère en pensée. Elle constate qu'elle est maintenant généreuse envers les autres dans le but de paraître aimable, et elle en éprouve du ressentiment. Elle est parvenue à une croisée de chemins.

Dans ces deux cas, parce que les protagonistes ont pris conscience du prix de l'image flatteuse et mensongère qu'ils ont d'eux-mêmes, leur faux moi, en tant qu'auteur de ces mensonges, n'a d'autre choix que rejeter la responsabilité de ces circonstances désagréables sur tout et sur tous. Pour le faux moi, cette autoduperie est infaillible. En faisant en sorte que le blâme soit toujours rejeté sur tout ce qui lui est extérieur, il vous oblige à lutter contre la vie et vous empêche d'en tirer des enseignements. C'est absolument perfide. Plus vous défendez ce qui ne va pas en vous, plus la vérité qui vous a révélé cette erreur inconsciente semble être une ennemie. Efforcez-vous de comprendre. Il vous serait extrêmement bénéfique de voir le lien entre ce concept et ce que nous avons déjà dit concernant les pièges du faux moi.

La vérité n'est jamais douloureuse. La douleur ne provient jamais que de la résistance que le faux moi oppose à la vérité. *Une crise n'est un échec que si nous refusons d'y voir une croisée de chemins*. Pour être en mesure de transformer une crise en croisée de chemins, vous devez accepter l'enseignement qu'elle contient, plutôt que de *la* laisser vous convaincre que le monde entier est votre ennemi. La volonté supérieure, si elle s'accompagne de l'acquiescement à une nouvelle forme de souffrance, engendre en vous la conscience supérieure qui fait partie de votre vraie nature. Cette conscience supérieure n'a aucun besoin de résoudre des conflits puisqu'elle ignore la notion même de conflit.

— Je vous ai suivi jusqu'à ce que vous parliez d'une « nouvelle forme de souffrance ». Je veux me libérer de la souffrance, et non pas en subir une autre !

— Cette nouvelle forme de souffrance est la souffrance passagère qui consiste à supporter consciemment ce qui doit mettre fin à votre souffrance. Nous pouvons en parler de deux façons, c'est du pareil au même. Cette nouvelle souffrance est en réalité un ferme refus de votre part de laisser le conflit que vous affrontez redevenir subconscient, ou bien elle provient de votre volonté d'en être conscient assez longtemps pour en déceler la cause.

— Que puis-je attendre de cela ? Pourquoi ne pas simplement l'oublier et m'en détourner, ou simplement attendre que la douleur s'estompe ?

— Nous avons tous tenté cette approche. Mais le fait de prétendre que la douleur a disparu en accroît l'intensité lorsqu'elle revient, et elle revient toujours, tant que nous n'en avons pas éliminé la cause. Le soulagement est temporaire, surtout en cas de conflit intérieur. Ce silence intérieur ressemble au calme plein de tension entre deux salves d'artillerie sur un champ de bataille. Il n'y a là rien de reposant. Mais observons les bienfaits engendrés par le fait de demeurer conscient du conflit. Voyons l'exemple suivant : supposons que le conflit intérieur d'un homme vient de ce qu'il se prétend sage et courageux. Il veut être perçu comme une source de force et de stabilité, comme une personne sur qui on peut compter en temps de crise. Bien entendu, c'est en partie parce qu'il a besoin de s'en convaincre lui-même. Pourtant, il a beau dire aux autres comment se maintenir au-dessus de leurs problèmes, il sait qu'il est lui-même cloué au sol quand il aurait le plus besoin de s'en détacher et de s'élever. Il est en situation de crise. Il a le choix entre continuer à prétendre posséder une force qu'il n'a pas, ce qui revient à fermer les yeux sur son problème, ou encore pénétrer son conflit, prendre conscience du faux-semblant, ce qui aura pour effet de le détruire et de détruire par le fait même la peur et le doute qui l'accompagne.

— Comment le fait de prendre conscience de mon mensonge peut-il suffire à le détruire ?

— Parce que nul n'a besoin de souffrir. Avant de recevoir l'éclairement de la conscience supérieure, votre faux moi vous avait convaincu de continuer à prétendre pour être vraiment bien dans votre peau ! *Vous souffriez parce que votre mensonge vous rendait anxieux et non pas heureux.* Vous pensiez que vous deviez faire semblant d'être bon et généreux, sage et courageux, alors qu'il vous aurait fallu comprendre que vous aviez besoin de faire semblant. Seul votre vrai moi vous est nécessaire. Laissez-le vous montrer par lui-même ce dont vous n'avez pas besoin.

Dans son ouvrage intitulé *The Mystic Path to Cosmic Power,* Vernon Howard a recours au dialogue ci-dessous pour montrer comment cette conscience nouvelle peut nous débarrasser de nos peurs et de notre confusion :

— Je ne comprends pas. Vous dites que le fait d'être conscient de notre anxiété détruit l'anxiété. Je sais pourtant combien je suis anxieux, et mon anxiété perdure.

— Ressentir de l'anxiété et être conscient de cette anxiété sont deux choses différentes. Lorsque vous ressentez simplement de l'anxiété, vous vous identifiez à elle. Vous en êtes si proche que vous ne la voyez plus. Si, ayant fermé les yeux, vous tenez un objet rond entre vos doigts, il se peut que vous pensiez qu'il s'agit d'une bombe. Si vous ouvrez les yeux, vous verrez qu'il ne s'agit que d'une balle inoffensive. Lorsque nous voyons les choses telles qu'elles sont, notre souffrance s'estompe[2].

Comment obtenir tout ce que vous désirez

Nous nous demandons tous s'il n'y aurait pas un grand secret qui nous garantisse le succès. Il y a un moyen. Et ce n'est pas un secret. Il ne cesse de se révéler à nous depuis toujours, mais le bruit, le vacarme de nos propres exigences nous empêche de l'entendre. Tendez l'oreille un moment. Tout peut changer à cet instant même. Apprendre à entendre le secret suprême n'est pas plus difficile que choisir de nager à contre-courant ou de se laisser porter par lui jusqu'au rivage. Laissez-le parler à cette partie secrète de votre être qui non seulement peut l'entendre, mais encore en est elle-même la voix. Écoutez cette voix. Elle dit: « *Sachez vouloir ce que veut la vie*. » Réfléchissez à cela. Ces quelques mots renferment la clé d'une vie heureuse, la clé de ce pouvoir qui vous placera toujours dans le camp des vainqueurs, quelles que soient les circonstances. Pourquoi? Parce que lorsque *vous voulez ce que veut la vie*, vous désirez *la vie* elle-même.

— Et si je n'aime pas ce que la vie a à m'offrir?

— Efforcez-vous de comprendre que ce n'est pas ce que la vie vous donne que vous n'aimez pas. Ce sont plutôt vos réactions qui transforment en ressentiment ce que la vie vous offre.

— Je ne veux pas paraître ingrat, mais pour être sincère, j'en ai assez d'être malheureux. En quoi les causes de cette souffrance sont-elles importantes?

— Vous êtes malheureux parce que la vie n'est pas conforme à votre idée du bonheur. En d'autres termes, efforcez-vous de voir que la vie ne vous refuse pas le bonheur, mais que votre conception de la vie vous a trahi. Renoncez à vos idées fausses, mais ne renoncez pas à la vie. Soyez de plus en plus conscient du fait que ces idées fausses sont à l'origine de

---

2. Vernon Howard, *The Mystic Path to Cosmic Power*, Prentice Hall, 1967.

tous vos conflits intérieurs. Votre faux moi cherche à vous convaincre de la nécessité de ces idées fausses pour votre protection. Selon lui, vous en défaire représenterait une grande perte. En dépit des arguments du faux moi, vous devez comprendre que vous ne sauriez vivre avec de telles idées fausses. En vous en libérant, vous cesserez d'être malheureux.

Voici deux listes qui contribueront à donner à ces concepts un aspect plus personnel et qui vous inciteront à des choix plus sages dans votre vie. Examinez chacune d'elles, et ensuite, comparez-les. Bien entendu, vous êtes libre d'ajouter à chacune des énoncés de votre cru, et je vous encourage fortement à le faire.

Voyons ce qui se passe *quand vous voulez ce que vous voulez*:

1. Vous êtes souvent nerveux ou anxieux parce que la vie ne vous appuie pas.
2. Vous êtes disposé à tout sacrifier pour obtenir ce que vous voulez, y compris votre intégrité.
3. Vous êtes toujours occupé à planifier la stratégie de votre prochaine victoire.
4. Vous êtes en plein conflit, ou bien vous vous relevez du conflit précédent.
5. Vous êtes incapable de vraiment vous reposer quand le besoin s'en fait sentir.
6. Vous vous fâchez facilement quand quelque chose ou quelqu'un se met en travers de votre route.
7. Vous désirez toujours quelque chose de plus.
8. Vous vous opposez à quiconque désire la même chose que vous.
9. Vous êtes convaincu d'être ce que vous possédez.
10. Vous cherchez toujours à vous convaincre d'avoir obtenu ce que vous désiriez.

Lisez maintenant ce qui suit avec attention. Quand *vous voulez ce que veut la vie*:

1. Vous n'êtes jamais déçu de ce qui arrive.
2. Vous vous trouvez toujours au bon endroit au bon moment.
3. Vous jouissez d'une calme assurance, quelles que soient les circonstances.
4. La colère et l'anxiété ne vous atteignent jamais.
5. Vous êtes conscient et sensible à ce qui vous entoure.
6. Vous n'avez jamais l'impression d'avoir raté quelque chose.
7. Vous ne vous laissez jamais abattre par une perte.
8. Vous dominez la moindre situation.
9. Vous avez l'esprit tranquille.
10. Vous êtes éternellement reconnaissant.

— Existe-t-il un moyen simple de savoir la différence entre ce que veut la vie et ce que je veux ? Comment faire cette distinction ?

— Souvenez-vous toujours de ce qui suit. Tout désir qui cause de l'anxiété ou de la tristesse, ce désir est le *vôtre*, non pas celui de la *vie*. Si le désir est douloureux, il est inutile. Pour laisser entrer la vie en vous, libérez-vous de vos désirs, car s'ils vous promettent un avenir heureux, ils n'ont en réalité rien d'autre à offrir qu'un *présent* douloureux.

— Comment puis-je me libérer de mes désirs ?

— Si vous admettez qu'ils vous entraînent dans leur remous, vous vous lasserez d'être ainsi ballotté. Voici un secret. N'admettez jamais la nécessité d'une quelconque souffrance mentale ou émotionnelle, quelle que soit l'importance que ces impostures donnent à l'un de vos désirs. En refusant leur existence, vous faites place au présent authentique. C'est là qu'attend la vie que vous voulez et qui veut exister pour vous.

— Tout ce que vous dites a du sens. À vrai dire, j'aimerais lâcher prise et laisser la vie prendre les rênes, mais j'ai peur. Que m'arrivera-t-il si je renonce à mes désirs ? Est-ce que je ne perdrai pas le contrôle de ma vie ?

— Vous ne pouvez pas perdre le contrôle d'une chose que vous n'avez de toute façon jamais dominée. Aucun être humain ne peut contrôler la vie, la sienne ou celle de qui que ce soit d'autre. N'était l'énergie cosmique supérieure qui vous habite en ce moment même, vous ne pourriez pas tenir ce livre ou lire son contenu. Si vous voulez évaluer le niveau de stress d'un individu, évaluez son obstination à modeler la vie selon ses désirs. Vous n'avez rien d'autre à perdre en voulant *ce que veut la vie*, que votre peur de ne plus la dominer. Vous n'avez jamais eu de pouvoir sur la vie, mais seulement une sensation de pouvoir, issue de son contraire même.

Voici le nœud de la question. Aucun être humain n'a besoin de dominer la vie, car nous sommes tous la vie elle-même. L'être que vous êtes en réalité, votre vrai moi, n'est pas détaché de la vie.

Laissez la vie vous apporter la vie. Accueillez-la. Elle est toujours neuve, faite de plénitude, intouchée et jamais diminuée par les moments qui l'ont précédée. En participant pleinement à cette vie, vous vous donnez à vous-même. Répondre à la vie, c'est remplir sa propre destinée. L'un et l'autre sont une seule et même chose. Sachez vouloir ce que veut la vie.

Chapitre six

Découvrez votre nouveau moi

Recommencez votre vie à zéro: c'est la clé de votre nouveau moi. Ne vous laissez pas berner par les pensées et les sentiments qui vous répètent que c'est impossible, par les murmures intérieurs qui nient la nécessité de ce nouveau moi ou qui le dénigrent. Repoussez-les, et dites-vous que vos défaites passées ne prouvent pas que vous ne connaîtrez jamais la victoire. Une défaite, quelle qu'elle soit, montre seulement que vous n'avez pas relevé correctement le défi. La seule chose que les mille et un faux départs de votre vie nouvelle démontrent, c'est que vous avez pris mille et un faux départs.

Votre nouvelle vie n'est pas un mythe si vous la cherchez au bon endroit. Une fois sur l'emplacement d'un trésor enfoui, il ne vous reste plus qu'à creuser jusqu'à ce que vous le trouviez. Si ce n'est pas le bon endroit, vous aurez beau creuser de toutes vos forces, vous ne trouverez rien d'autre que la certitude de ne rien trouver. Voilà en quoi les enseignements de la vérité sont si précieux. Leur infaillible perception de notre capacité de compréhension nous prouve que les méthodes auxquelles nous avons eu recours étaient toutes vouées à l'échec. Portez attention à ces enseignements supérieurs et laissez-les vous révéler le secret de la découverte de votre nouveau moi.

Le réel supérieur peut vous libérer de votre passé douloureux

Nous devons recommencer notre vie à zéro à chaque seconde. Nous ne devons pas attendre d'en avoir envie, car si nous attendons de vouloir recommencer notre vie, nous ne faisons qu'exprimer le désir futile d'éviter ce qui s'est déjà produit. Vous souvenez-vous du chapitre où il était dit que nous nous agrippons à ce que nous nous efforçons de fuir ? Tenter de recommencer notre vie à zéro parce que nous voulons nous fuir ou échapper aux circonstances malheureuses que nous avons créées, c'est sauter à bord d'un navire qui coule pour fuir un quai en train de s'écrouler. Voilà une bonne façon de se noyer, non pas de recommencer à zéro. Pourtant, il existe un moyen.

Si nous voulons nous libérer d'un passé douloureux pour que jamais plus le regret ou la tristesse ne nous abatte, nous devons permettre à chaque circonstance, chaque imprévu, chaque pensée et chaque sentiment, quelle qu'en soit la nature, *d'avoir sa vie propre*. Si nous nous efforçons de poser sur la vie ce regard de compréhension supérieure, c'est-à-dire si nous admettons que toute chose sur terre et dans le ciel, de l'intellect au tonnerre, naît, vit et meurt, nous serons soulagés de constater que si une douleur subsiste en nous, c'est tout simplement parce que nous refusons qu'elle meure. La tristesse tenace est une anomalie qui perdure en raison du peu d'empressement du faux moi à la laisser mourir. Nous pouvons nous le prouver à nous-mêmes, et nous le ferons ; mais nous pouvons aussi trouver ailleurs qu'en nous l'aide et l'encouragement dont nous avons besoin.

Les physiciens ont récemment confirmé ce que savaient depuis toujours les érudits, les sages et les mystiques. Chaque instant est nouveau, et ce qui est nouveau est toujours immédiat. L'immédiat se dépouille constamment de l'ancien. Le nouveau meurt à ce qui lui est plus nouveau encore dans une célébration infinie de la vie. Ce n'est ni une philosophie ni le désir inopportun d'un monde meilleur. C'est une manifestation de la vie elle-même. Il suffit d'observer tout organisme vivant pour constater ce que le fait de recommencer et recommencer sans cesse peut avoir de merveilleux et d'important. Tout ce qui vit en omettant de se dépouiller de ce qui a fait son temps stagne. Une source qui ne renouvellerait pas son eau verrait cette eau croupir et devenir fétide. Ce principe n'est jamais si vrai que lorsqu'on l'applique à la vie humaine. C'est un fait scientifiquement démontré qu'entre le moment où vous lisez cette phrase et le moment où vous achèverez de la lire, vous aurez déjà subi une transformation !

Les preuves sont concluantes. Elles nous disent qu'il n'y a aucune raison *valable* pour que notre vie nous paraisse banale ou futile, parce que la vraie vie, dont nous faisons partie, se renouvelle sans cesse. Voilà quels sont les faits. Nous devons libérer leur pouvoir dans notre propre vie. Sans doute songez-vous : « Que dois-je faire pour accéder à une totale immédiateté de vie ? Comment puis-je apprendre à renouveler ma vie sans cesse ? »

Tout comme l'alpiniste fatigué doit parfois aller au-delà de ses forces pour atteindre une corniche difficile d'accès, vous devez aussi apprendre à vous surpasser pour découvrir cette éternelle sécurité. Le dépassement de soi ne comporte aucun danger, alors qu'il y a du danger à faire du surplace. Songez-y. Si vous pouviez prendre conscience de la qualité d'une vie où un moi nouveau surgit à chaque instant, et y entrer, cela signifierait que chacun des battements de votre cœur annulerait les souffrances qui l'ont précédé. Dans votre nouvelle vie, chaque relation personnelle recommence à zéro. Chaque désespoir prend fin à l'instant. Chaque difficulté, chaque défi est surmonté en son temps, on ne le traîne pas avec soi, on n'y songe pas avec regret. N'est-ce pas ce que nous voulons tous ? Oui, c'est ce que nous voulons !

Comprenez-vous ce qui vient de se passer ? Quelque chose de merveilleux s'est déjà produit. La question que nous posons n'est plus : « Cette nouvelle vie est-elle réellement possible ? », mais bien : « Qu'est-ce qui m'a donc toujours empêché de vivre de cette façon ? » Quelle différence ! Si vous savez rester audacieux, rien au monde ne vous empêchera de vous délester d'un passé douloureux et de découvrir votre nouveau moi. Voilà ce que vous promet la vérité.

Vous êtes beaucoup plus que ce que vous croyez être

Dans la quête que nous menons pour accéder à une vie nouvelle, nous confondons souvent l'enthousiasme et le renouvellement réel. Aspirant à l'un, nous recevons l'autre. L'enthousiasme n'est pas plus le renouvellement qu'une décharge électrique ne correspond à un nouveau départ. La commande que nous avons passée en nous est mal interprétée. C'est demander une glace et se voir servir un pamplemousse. On en vient à croire que le personnel des cuisines a une tout autre idée que nous des douceurs de l'existence.

Un jour ou l'autre, vous devrez prendre les choses en main. Vous n'ignorez pas qu'on vous désapprouvera, et vous préféreriez ne pas vous donner cette peine. Mais un jour, constatant que vos désirs sont rarement satisfaits, vous voudrez entrer dans la « cuisine » de la vie et voir pourquoi ce qui en sort ne correspond pas à ce que vous aviez demandé. N'hésitez pas ! Vos efforts seront récompensés au-delà de vos espérances. L'histoire qui suit illustre cet intéressant concept.

Un homme voulait se procurer une paire de chaussures neuves. Il décida donc de profiter de l'ouverture d'un nouveau grand magasin du quartier. Il s'y rendit. Une foule se pressait à la porte, attendant d'entrer. À neuf heures, quand on ouvrit, l'homme se laissa porter par le mouvement de la foule en délire. Heureusement, quelques minutes plus tard, la marée de clients l'avait conduit vers ce qu'il crut être le département des chaussures. Il scruta les environs et, ne voyant aucun vendeur, décida d'en essayer une paire de lui-même.

Ça ne va pas, se dit-il, après avoir enfilé les chaussures. Elles n'étaient pas d'aplomb. Les retirant, il les regarda de plus près et vit que les talons étaient déjà usés. Il chaussa une autre paire. Celles-ci étaient très élégantes, mais il sentait les céramiques froides du parquet à travers les semelles : elles étaient percées. En voilà assez, se dit-il. Chaussures à la main, il se rendit en chaussettes à une caisse voisine et demanda au préposé pourquoi la marchandise de ce nouveau magasin était aussi médiocre. Le caissier le regarda, lui sourit avec indulgence et dit : « Monsieur, c'est le département des articles usagés. Pour acheter des chaussures neuves, rendez-vous à l'étage au-dessus, au département des chaussures neuves. Je suis certain que vous y trouverez ce que vous désirez. »

Comme toutes les histoires vraies, celle-ci comporte plusieurs enseignements supérieurs. Pour vous procurer un article, il vous faut trouver le bon rayon ; ainsi, vous devez *vivre en fonction de la partie de vous-même qui correspond à votre désir* de découvrir ce qui est réellement nouveau. Ce n'est pas très difficile à comprendre. Nos problèmes proviennent en fait de ce que nous n'assimilons pas ces principes.

Au chapitre 4, vous vous en souviendrez, nous avons vu que nous *ressentons* des émotions, nous *ne sommes pas* ces émotions. Il en va de même de nos pensées. Tout comme la personne que vous êtes *vraiment* ne saurait se limiter ou se définir par les émotions que vous ressentez, vous ne devez pas chercher à savoir qui vous êtes dans ce que vous *pensez* de vous-même. Laissez-moi vous démontrer l'aspect libérateur de ce concept par le biais d'un exemple très simple. Quand tout cela vous deviendra clair, vous serez aussi facilement fidèle à ce qui représente un renouvellement que vous l'êtes à vous-même, et vous en retirerez les plus grands bienfaits de votre existence. Si nous songeons à un citron, nous savons que l'idée du citron n'est pas le citron lui-même. Pourtant, si nous pensons suffisamment clairement à ce citron, nous salivons. Or, même si nous commençons à grimacer et à imaginer très nettement le citron auquel nous pensons, cela ne veut pas dire que l'*idée* d'un citron est un citron. Simplement, l'idée du citron a réveillé des souvenirs inconscients, et ces souvenirs, en émergeant à la conscience, ont déclenché des sensations physiques associées au citron. Aussitôt, le citron imaginé *semble* réel, car le fait de l'imaginer donne lieu à des sensations très nettes associées à quelque chose de jaune et d'acide.

C'est un concept relativement facile à saisir en ce qui concerne les citrons, car rares sont ceux qui s'identifient douloureusement à des citrons. Il est donc question ici de ce que signifie *s'identifier*. Lorsque la personne que vous êtes se croit associée à une chose que vous n'êtes pas, vous vous êtes identifié à cette chose. Je m'explique : rappelez-vous ce que vous avez ressenti la dernière fois que vous avez abîmé vos chaussures neuves ou déchiré votre nouveau pantalon. N'aviez-vous pas l'impression d'être *vous-même* victime de cet incident ? Voilà ce que signifie s'identifier à quelque chose ou à quelqu'un. C'est douloureux ! Cela est facile à comprendre quand ce dont nous parlons ne nous concerne pas vraiment. Mais dès qu'il s'agit de « je » ou de « moi », notre cerveau s'embrume. Je répète ce que je disais au début de cette leçon : vous n'êtes pas la personne que vous croyez être. Examinons de plus près ce concept à la lumière de ce que nous venons d'apprendre concernant l'identification.

Lorsque vous songez à vous-même, lorsque vous dites « je », les mêmes phénomènes intérieurs entourent et appuient ce « je » comme ce fut le cas plus tôt avec le mot « citron ». Mais lorsque vous pensez à ce « je », à ce « moi », les expériences et les souvenirs accumulés sont encore plus nombreux à remonter à la surface, ils forment une paroi de pensées et d'émotions *presque* palpable. Quand vous pensez à votre « moi », vous avez une *sensation* de réalité, car au moment où ces vagues de passé accumulé vous traversent, elles vous donnent l'*impression* d'être vous. Mais il ne s'agit là que d'un état temporaire. Peu importe sa fréquence ou sa force, *cette sensation de « je » n'est pas vous*. Vous n'êtes pas votre passé. Vous vous êtes simplement identifié inconsciemment à lui en cet instant. L'identification à ces impressions est ce qui vous procure un sentiment d'exister convaincant, mais passager. Cette fausse identité, ce faux moi, comme nous l'avons désigné jusqu'ici, sont l'indice d'une *vie d'emprunt* ; ils sont eux-mêmes engendrés par du provisoire.

Le grand dramaturge et philosophe William Shakespeare écrivit : « Ne soyez ni un emprunteur ni un prêteur ; car souvent on perd et le prêt et l'ami. » Cette vérité est d'autant plus grande lorsqu'il s'agit de la vie même. La vérité nous dit de ne jamais rien emprunter, surtout pas notre identité. La vie cesse aussitôt d'être cette chose vibrante et toujours renouvelée, et nous croyons à tort que nous sommes vivants ! S'efforcer de découvrir son moi réel tout en vivant une vie d'emprunt sous une fausse identité équivaut à attendre que le soleil se lève au fond d'une caverne profonde. Nous sommes remplis d'espoir, mais nous ne connaissons ni la lumière ni la chaleur du véritable épanouissement personnel.

Renoncez à l'instant à la colère et à l'angoisse

Pour connaître une vie lumineuse de tous les instants, il vous faut accepter certaines transformations. Nul ne demande avec sincérité à vivre une vie nouvelle s'il ne s'est pas d'abord lassé de l'autre. C'est seulement en renonçant à vos vieilles idées que vous pourrez *vraiment* accueillir quelque chose de nouveau. Voilà ce que les concepts supérieurs énoncés ici nous apprennent à faire. Voyons encore par l'exemple comment notre nouvelle connaissance de soi est apte à transformer un malheur récurrent en une expérience de vie lumineuse et favorable.

Imaginez qu'une personne amie devienne tout à coup extrêmement désagréable envers vous, à la maison ou au travail. Le lieu et les circonstances importent peu. Nous savons tous ce qui se passera. Il y a d'abord une confrontation. Puis, soit d'un coup ou peu à peu, comme lorsque la pression s'accumule, cette personne extériorise sa colère. La colère monte en vous aussi. Mais vous avez appris à vous observer, et parce que vous avez l'expérience de l'introspection, votre colère à vous ne provoque pas que des flammèches : elle fait également naître la lumière. Cette lumière intérieure vous permet de voir que la colère est un produit de la peur, peur que la personne en face de vous ne vous comprenne pas, ou vous quitte, ou ait cessé de vous « aimer », ou peur qu'elle ne soit plus le miroir de votre point de vue. Naguère, dans des situations similaires, avant d'avoir accédé à une plus grande conscience de vous-même, vous vous seriez laissé emporter par la colère. Vous auriez explosé, et la journée aurait été fichue pour un tas de gens, y compris vous-même. Cette fois, tout est différent.

Pourquoi ? Parce qu'au lieu de défendre votre point de vue comme vous en aviez auparavant l'habitude, vous savez que ce « vous » qui se sent menacé ou attaqué n'est pas la personne que vous êtes en réalité. Vous savez que votre moi réel n'a aucun besoin de défendre une position psychologique ou émotionnelle. Cette connaissance supérieure, ajoutée à votre désir de nouveauté, vous permet de renoncer instantanément à votre fausse identité réactionnaire. Félicitations ! À l'instant où vous

vous êtes débarrassé de cette fausse vie, vous vous êtes fusionné à la vraie vie. Voici comment. Si vous commencez votre vie à cet instant même, si vous n'*empruntez pas* votre vie à une réaction de colère, vous permettez à ce sentiment négatif de peur de faire son temps et de s'éteindre. En renonçant à ce qui était ancien, vous avez accueilli la nouveauté.

Un acte aussi clair et net comporte de nombreux avantages, l'un d'eux étant que vous n'êtes plus obligé de composer avec ce sentiment de colère ou d'anxiété né de ce que vous voulez obliger les autres à voir la vie avec vos yeux.

Voici cinq énoncés libérateurs qui permettront au renouveau d'entrer dans votre vie. Comme toute connaissance authentique, la compréhension supérieure vous transmet des directives et vous donne le courage de les mettre en pratique. Prenez connaissance de ces idées et soyez à l'écoute de leur message secret.

1

On doute de soi parce qu'on croit que l'image qu'on a de soi dépend de l'idée que les autres ont de nous. Renoncez au doute de soi. Par lui, vous dépendez des autres qui ne peuvent rien contre le doute de soi. Indépendance égale confiance en soi.

2

On se croit vertueux parce qu'on croit qu'il suffit de dire ce qui est mal pour s'élever au-dessus du mal. Renoncez à vous croire vertueux. Ce n'est qu'une illusion de bien engendrée par le mal. On ne ressent pas le bien; on est le bien.

3

On s'apitoie sur soi et on a des regrets parce qu'on croit qu'il nous aurait été possible d'agir autrement. Si vous aviez pu, vous auriez agi différemment. Renoncez au regret. Il vous garde prisonnier d'un passé révolu et irrationnel, et il vous empêche de vous élever à la sagesse spirituelle.

4

On se met en colère parce qu'on s'identifie à la peur qu'on éprouve quand les autres ne se rangent pas à notre point de vue. Renoncez à votre colère envers les autres et envers vous-mêmes en admettant que la peur est impuissante. Souvenez-vous qu'à tout acte de pouvoir correspond son contraire. Voilà pourquoi le combat que nous menons n'en finit pas. Laissez-le mourir.

5

On est masochiste parce qu'on croit que plus on souffre, plus on a de réalité ou d'importance. Renoncez au masochisme. S'il vous stimule, il ne débouche sur rien. La personne que vous êtes vraiment ne souffre jamais à cause de celle que vous n'êtes pas.

Renoncer à soi-même, c'est s'élever

S'apercevoir peu à peu qu'on ne saurait se trouver dans l'image qu'on a de soi, c'est comme s'apercevoir enfin qu'en se donnant des coups sur la tête, on aggrave notre migraine au lieu de l'apaiser. Vous êtes soulagé de constater que les coups qui vous ébranlaient tant ont cessé quand vous avez cessé de vous les assener. Votre prise de conscience vous place à une croisée de chemins dans votre quête de renouveau. Il vous faut de la détermination. Quand vous cessez de penser à vous-même — c'est essentiel au renouveau — vous remarquez un bouleversement inattendu en vous. Jamais vous n'y auriez cru, et pourtant il est là, sous vos yeux. Vous êtes inquiet de ce qui arrivera si vous cessez de vous inquiéter. N'en faites rien ! Dès que vous vous en apercevez, vous vous débarrassez de ce sentiment aussi factice que vos autres sentiments imposteurs. Ils veulent vous convaincre qu'il faut souffrir pour vivre. Mais malgré votre perspicacité, vous avez très envie de mettre fin à votre vigilance intérieure. Tout vous semble préférable à cette insécurité croissante. Ces peurs sont vos ennemies. Écoutez plutôt le message de la vérité.

Allez sans crainte où votre incertitude vous conduira. L'inquiétude que vous ressentez face à votre vulnérabilité croissante n'est rien qu'une fausse identité de plus. Renoncez-y également. Empêchez-la de réintégrer votre vie. Ce suspens total du moi permet au moment présent d'entrer en vous dans toute sa vérité. Quelque chose d'absolument nouveau est en train de se produire, et *vous le savez*. Ce renouveau est votre vraie demeure. Vous êtes en sécurité en son sein, hors d'atteinte des pensées et des sentiments familiers mais destructeurs que vous aviez créés. Maintenez-vous dans ce suspens aussi longtemps que nécessaire, jusqu'à ce que, lentement mais sûrement, le poids de votre moi connu vous pèse moins. En vous allégeant spirituellement, vous constaterez que le renouveau tant recherché est nul autre que votre moi réel. Voici votre véritable nature. Elle était là depuis toujours, tout comme la caverne creusée dans la montagne, le refuge sécuritaire où vous aviez eu peur de pénétrer quand l'orage vous avait surpris. Vous trouverez avec bonheur un vrai refuge dans ce renouveau. Sa force ranime la vôtre. Tout va bien. Les orages n'ont plus de prise sur vous.

Voici un exercice particulier pour vous aider à lâcher prise. Chaque fois que vous vous surprenez à vouloir plonger dans votre habituelle rivière de pensées et de sentiments, exercez-vous à l'*autosuspens*. Voici comment. Ne laissez pas le courant du passé vous dicter la direction à prendre aujourd'hui. Vivez votre propre vie immédiatement. Vous n'êtes pas vos pensées ni vos sentiments. Osez vivre sans ces identités qui vous forcent à les assumer et à leur obéir. *Laissez le renouveau s'accomplir* à chaque instant en faisant en sorte que vos anciennes impressions poursuivent leur route sans rencontrer d'obstacle. Ne vous mêlez pas à elles. Perfectionnez votre suspens et votre vigilance jusqu'au jour où vous ne pourrez plus vous passer de ce renouveau qui vous avait semblé si difficile à tolérer au départ.

Comment vivre votre vie comme vous l'entendez

Saviez-vous qu'un fait cache un ami ? Et ce n'est pas tout. Un fait ne vous trahira pas et ne vous abandonnera pas. De plus, en dépit des apparences, le fait l'emporte sur le mensonge. Pourquoi ? Parce qu'un fait s'enracine dans la réalité, il y puise la force dont il a besoin pour dominer, du tissu même de l'existence, toutes les faussetés de la vie. C'est un fait. Vous pouvez en être sûr. Voici un autre fait dont vous ne soupçonniez sans doute pas l'existence. Les bienfaits qu'il vous procurera vous raviront.

Aucun être humain ne peut vous dominer. Votre vie n'appartient qu'à vous seul. *Aucune grimace, aucune agressivité, aucune attitude de défi, aucun ton menaçant ne peut vous rendre nerveux, anxieux, vous faire peur ou vous mettre en colère.* C'est un fait: quiconque en a assez de s'entendre dicter ce qu'il doit ressentir peut mettre ce principe en pratique pour accéder à une indépendance authentique et durable.

Répétons cette vérité fondamentale si importante pour notre bien-être mental, émotionnel et spirituel. Aucun être humain ne peut dominer la personne que vous êtes vraiment. Votre vrai moi n'a de comptes à rendre à personne. Cela signifie que si nous ne vivons pas complètement comme nous l'entendons, ce n'est pas, je répète, ce n'est pas parce que la vie a donné à quelqu'un d'autre un avantage ou un pouvoir injuste sur nous. Nous avons tout simplement inconsciemment renoncé à notre véritable héritage, cet héritage qui veut maintenant nous rappeler que rien ni personne ne saurait dominer notre esprit. Chacun de nous a le droit d'être un être humain autonome et libre. La vérité nous dit que rien de vrai ne s'interpose entre nous et cette vie supérieure, puis elle nous invite à connaître le bonheur de vivre comme nous l'entendons.

— Je comprends la justesse de ces propos, et il m'arrive même parfois de vivre comme je l'entends. Mais à d'autres moments, pour des raisons que j'ignore, j'ai l'impression que ma vie ne m'appartient pas. Comprenez-vous ?

— Oui, je comprends. Mais voudriez-vous préciser ? Il est toujours avantageux de permettre à nos doutes et à nos faiblesses de remonter à la surface de la conscience.

— Entendu. Je veux bien essayer. Je ne comprends pas pourquoi, par exemple, il m'arrive d'avoir peur de parler à certaines personnes. Puis il y a ces personnes à qui je ne peux m'empêcher de parler tout en préférant ne pas leur parler. Ensuite, j'accepte parfois de rendre service à quelqu'un à qui je n'ai nullement envie de rendre service, ou bien je me rends dans des endroits où je n'ai pas envie d'aller, en compagnie de gens que je n'apprécie pas vraiment, et je n'arrive pas à partir. Pour être parfaitement honnête, j'ignore pourquoi j'éprouve parfois un tel ressentiment envers les personnes mêmes de qui je recherche l'approbation. Cela n'a aucun sens. Dans ces circonstances, non seulement je ne sais pas pourquoi j'agis de la sorte, mais je ne m'aime pas. C'est incompréhensible ! Comment une personne peut-elle être en pleine possession de sa vie une minute, et subir l'instant d'après la domination de quelqu'un d'autre ? Comment cela se peut-il ?

— Vous avez raison, c'est incompréhensible. Et ça continuera à l'être tant que votre raisonnement vous attribuera des qualités flatteuses et mensongères. Faites intervenir ce nouveau point de vue dans votre équation et vous verrez que tout s'ordonnera. À chaque fois que vous faites une chose par obligation, cela signifie qu'inconsciemment vous vous préoccupez davantage de l'image de vous qu'ont les autres que de vos sentiments réels. Voilà le sens du mot conflit.

— Je vois. Cela explique presque tout, sauf la raison pour laquelle j'ai besoin de m'imposer ce désagrément. Autrement dit, à la lumière de ces enseignements, pourquoi me préoccuper de l'image que je projette chez les autres ?

— Essayez de comprendre l'explication qui suit. Elle vous remettra sur le chemin de votre vraie vie. Vous avez toujours cru que votre bien-être dépend de l'image positive que vous projetez. Mais sans doute n'avez-vous pas beaucoup réfléchi au fait que le contraire est tout aussi juste, soit que, moins on vous approuve, plus vous êtes seul et peu sûr de vous. Voilà pourquoi vous croyez devoir plaire, et voilà pourquoi vous avez du ressentiment envers ceux que vous vous efforcez de séduire. L'approbation d'autrui est une étrange survie ; vous dépendez si longtemps de cette approbation que vous vous persuadez subconsciemment de ne pouvoir exister sans qu'on approuve votre existence. Mais la vérité est tout autre. Plus vous dépendez des autres pour confirmer votre existence, moins votre vie vous appartient.

— Oui, mais j'espère que vous ne dites pas que c'est mal de recevoir l'approbation des autres ?

— Non, bien sûr que non. L'approbation est un réflexe sain dans les relations entre les êtres. Il y a toutefois des différences entre recevoir l'approbation d'autrui et *rechercher* l'approbation d'autrui. Nous devons être très à l'affût de ce processus d'approbation. Les gens perfides connaissent la force et la profondeur de l'élan qui nous pousse à rechercher l'approbation d'autrui. Ils utilisent cette faiblesse à leur avantage. Seule la connaissance supérieure qui donne lieu à une grande vigilance peut nous préserver de ces trahisons inconscientes et nous protéger de ceux qui pourraient s'en servir à nos dépens.

— Qui aurait cru que c'était si compliqué ?

— Écoutez. Ce n'est pas compliqué. Simplement, vous n'avez pas encore parfaitement compris. Imaginez une mare fétide. Il se peut qu'elle soit très profonde, ou qu'on s'y enfonce seulement jusqu'aux genoux. Les problèmes intérieurs nous *paraissent* compliqués uniquement parce que notre faux moi brouille tout et nous empêche de voir le fond des choses. La vérité a pour but de rendre l'eau limpide. Quand nous accédons au calme intérieur et que nous pouvons bien nous observer, nous pouvons nager au beau milieu de nos problèmes sans craindre de nous noyer. Quand nous voyons la cause d'un problème, nous en voyons aussi la solution.

— J'aime cette explication. Poursuivez.

— Oui. Examinons les rapports entre tout cela. Nous avons vu que c'est notre peur de la solitude et du doute, la volonté de savoir que nous agissons correctement qui nous poussent à rechercher l'approbation des autres. Nous voyons donc que si notre vie aboutit si souvent entre les mains d'autrui ce n'est pas parce que les autres sont supérieurs à nous ou que le monde est trop puissant, c'est simplement parce que nous ne voulons pas affronter l'insécurité et la solitude qui nous semblent insupportables. La *véritable* cause de l'échec de nos relations personnelles est que *nous avons été trahis par la certitude de notre faiblesse*.

— C'est fantastique ! Permettez que j'anticipe : la solution consiste à refuser cette faiblesse.

— Exactement ! Le refus conscient de cette faiblesse, voilà ce qui appelle et concède la vraie force intérieure. Votre nouveau courage deviendra rapidement la pierre angulaire d'une vie autonome authentique, celle que vous avez toujours voulu connaître. L'enjeu est éternel, mais vous vaincrez aussi sûrement que la lumière triomphe des ténèbres. Si vous n'évitez pas de lutter pour la possession de vous-même, si vous n'affirmez pas votre personnalité, mais que vous lui permettez au contraire d'éclore et de s'épanouir, en ayant le courage de refuser de vous soumettre à des influences négatives et traîtres, vous recevrez la plus grande approbation de toutes. La réalité vous approuvera. Et quand elle le fera, tous vos problèmes deviendront choses du passé. Vous serez en possession de vous-même. Nul ne saura que vous habitez maintenant un monde intérieur lumineux, celui que vous voulez, car ce que vous voulez et ce qu'il est concordent toujours. Vous aurez conquis votre vie.

Quelques leçons à retenir pour rester maître de soi

1

Quand vous ne savez pas quoi faire de vous, il y a toujours quelqu'un qui se fait un plaisir de vous le dire.

2

Pourquoi rechercher l'approbation d'une personne qui ne s'approuve pas elle-même ?

3

Fanfaronner devant une personne en colère équivaut à demander l'approbation d'un loup atteint de la rage.

4

Plus on vous approuve, plus vous avez besoin d'approbation.

5

Ne pas nous éloigner d'une personne ou de circonstances qui nous forcent à renoncer à être entier et heureux est mauvais pour tous les individus concernés.

6

Si vous restez au beau milieu de l'orage, n'en blâmez pas le temps qu'il fait.

7
La véritable force vient toujours de ce qu'on a découvert l'origine d'une faiblesse.

8
Ne cherchez pas qui vous êtes; osez être qui vous êtes.

9
Si vous viviez vraiment comme il se doit, vous n'auriez pas besoin qu'on vous le dise.

10
Laisser quelqu'un d'autre contrôler notre vie équivaut à laisser le garçon de table manger notre repas.
(Vernon Howard)

Posez-vous la question suivante et courez vers la liberté

Un méchant sorcier avait un jour hypnotisé un groupe de prisonniers pour leur faire croire qu'ils désiraient ce que lui désirait. Sa magie était extrêmement puissante. Non seulement ses esclaves psychiques étaient ignorants de leur malheur, ils croyaient ne pas avoir le choix de ressentir autre chose que ce qu'ils ressentaient.

Or, ces hommes et ces femmes travaillaient diligemment pour le sorcier qui leur ordonnait parfois d'aller à l'encontre de leur vraie nature. Année après année, ils continuèrent à se blesser les uns les autres en œuvrant sans relâche, prisonniers du sort maléfique que le sorcier leur avait jeté. Puis, un jour, au moment où il obéissait à un ordre cruel du sorcier, un des prisonniers fut saisi d'une intuition profonde, vive et intense comme l'éclair. Il s'étonna de ne s'être encore jamais posé cette question. Voici la réflexion qu'il se fit tout en luttant pour accomplir la tâche désagréable qui lui avait été assignée.

« Si j'obéis à mes désirs, comment se fait-il que j'en souffre ? » Il ne pouvait pas encore deviner que cette question, banale en apparence, marquait le début d'un vaste miracle qui lui redonnerait un jour le contrôle de sa propre vie.

À compter de ce moment, chaque jour, à chaque fois qu'il se sentait écrasé de malheur sans en connaître la cause, il se posait la même question : puisque je fais ce que j'ai envie de faire, pourquoi cela me fait-il souffrir ? Il ignorait qu'à chaque fois qu'il se posait cette question, il ébranlait l'empire du sorcier cruel. Vint l'heureux jour où il ne trouva plus *en lui-même* de justification à sa souffrance. Cette prise de conscience mit fin à l'influence maléfique qui avait jusque-là dominé son existence. Il put se délivrer du malheur et recouvrer sa liberté.

Personne n'en parle, mais notre univers personnel et nous sommes victimes d'un mauvais sort, composé en partie de notre négation même de son existence. C'est ce qu'on appelle la souffrance. Chacun souffre, et comme les prisonniers hypnotisés du récit, chacun croit que cette souffrance lui est bénéfique. C'est la nature même du sort qui nous a été jeté. Sinon, pourquoi une personne se punirait-elle en s'infligeant des souffrances ? Il faut qu'elle ait été bernée, que quelque chose l'ait convaincue de voir dans la souffrance une façon de se porter secours.

Voyons cela de plus près. Premièrement, lorsqu'on est en colère, on souffre. La colère n'est un bienfait pour personne. La colère fait souffrir la personne en colère. La colère consume. Elle détruit les relations entre les êtres, elle brise les cœurs, cause des regrets et dévaste la santé. Pourtant, en dépit de tout cela, nous avons l'impression d'avoir raison si nous nous mettons en colère. On dirait que la colère cherche à prouver mystérieusement à la personne qui en fait l'expérience que sa colère est juste, alors que rien n'est plus faux. Il en va de même de l'inquiétude, de l'anxiété, du ressentiment, du doute, de la culpabilité ou de tout autre sentiment négatif. Comment quelque chose d'aussi mauvais peut-il nous sembler aussi bon ? Voici la réponse. Toutes ces émotions négatives nous *semblent* bénéfiques, car au moment où elles se manifestent, elles suscitent provisoirement en nous une fausse et très forte conscience de soi. Mais tout comme le sort maléfique du sorcier de notre histoire, cette conscience de soi qu'engendrent des sentiments passionnés et mensongers *ne peut exister* si nous sommes conscients de sa présence et si nous y consentons. Pourquoi ? Parce qu'elle n'agit pas dans *notre* intérêt. Elle est une identité factice et passagère dont le seul rôle est de nous faire souffrir. Personne ne choisit délibérément la défaite.

Ces propos peuvent sembler complexes à première vue, mais avec un peu de persistance, vous en viendrez à vous demander comment vous avez jamais pu être malheureux. La vérité veut que vous sachiez que ce n'est jamais bénéfique de souffrir, peu importe que vous soyez convaincu intérieurement que l'absence de souffrance serait une trahison de vous ou de quelqu'un d'autre. Pour vous convaincre qu'elle vous est nécessaire, la souffrance doit vous hypnotiser. Prenez du recul. Écoutez plutôt les intuitions discrètes qui traversent doucement votre vrai moi. Elles voient au-delà de la souffrance. Laissez-les vous démontrer que souffrir ne prouve rien. Si vous avez besoin d'aide pour vous libérer de vous-même, souvenez-vous de la question clé qui, dans le récit de tout à l'heure, avait réveillé le personnage de son hypnose. Cette question, qui lui a redonné sa liberté, vous redonnera la vôtre. Je la répète : « Si j'obéis à mes désirs, comment se fait-il que j'en souffre ? » La vérité vous promet que vous cesserez de faire ce que vous ne voulez pas faire, dès que vous *saurez* que vous avez jusque-là agi contre votre volonté.

Élevez-vous au-dessus des sentiments destinés à vous punir

Voici dix excellents moyens de rompre le maléfice de la souffrance. En les lisant, réfléchissez à la façon dont vous pouvez vous en inspirer la prochaine fois que vous vous laisserez submerger par des pensées ou des sentiments douloureux. Accueillez-les comme des amis dans votre vie.

1

Souffrir ne prouve en rien que vous savez ce que signifie vous apprécier vous-même et apprécier les autres. Cela prouve simplement que vous n'avez pas encore compris ce que signifie aimer, sans quoi vous ne seriez pas aussi cruel envers vous-même.

2

Souffrir ne prouve pas que vous avez raison. Cela prouve simplement que vous ne connaissez pas la différence entre ce qui est bien et ce qui est mal, sans quoi vous ne souffririez pas pour montrer que vous avez raison.

3

Souffrir ne prouve pas que vous soyez une personne responsable. Cela prouve seulement que vous n'êtes pas responsable de vous-même, sans quoi vous ne vous infligeriez pas d'aussi mauvais traitements.

4

Souffrir ne prouve pas votre importance. Cela prouve seulement que vous préférez avoir l'impression d'être « quelqu'un » de malheureux, plutôt qu'une personne « quelconque » discrètement heureuse et libre.

5

Souffrir ne prouve pas que vous êtes seul dans la vie. Cela prouve seulement que vous préférez la compagnie de pensées désagréables et de sentiments qui vous isolent de tout ce qui serait bon pour vous.

6

Souffrir ne prouve pas que le monde est contre vous. Cela prouve seulement que vous vous êtes rangé du côté de ce qui est contre tout, y compris contre vous-même.

7

Souffrir ne prouve pas votre réalité. Cela prouve seulement que vous vous êtes identifié à un faux sentiment d'existence et que vous l'avez confondu avec l'épanouissement discret de la vraie vie.

8
Souffrir ne prouve pas qu'une autre personne a tort. Cela prouve
seulement que vous ne reculerez devant rien, y compris votre propre
destruction, pour montrer que vous avez raison.

9
Souffrir ne prouve pas que vous soyez la personne
que vous croyez être. Cela prouve seulement que vous ignorez
qui vous êtes réellement, sans quoi vous ne toléreriez pas
d'être un tel souffre-douleur.

10
Souffrir de souffrir ne prouve pas que vous voulez cesser de souffrir.
Cela prouve seulement que vous craignez de mettre fin
à votre souffrance, car vous êtes persuadé
que sa fin entraînera la vôtre.
C'est faux.

Chaque nouvelle idée est un défi à relever quand nous en prenons conscience. Nous devons imiter l'alpiniste qui découvre un sommet en apparence inaccessible et encore inconnu. La majesté de la montagne l'attire, ses sublimes mystères le stimulent, mais il craint l'ascension car il la devine difficile. Son amour de l'alpinisme l'emporte sur sa peur, et il ne tient pas compte de la difficulté. Il sait qu'il atteindra le sommet s'il prépare bien son ascension avant de l'entreprendre. Il sait aussi qu'il ne doit pas se laisser influencer par le découragement, par ces sentiments d'échec qui cherchent à l'empêcher d'accéder au sommet. Il sait qu'il doit aborder la montagne un pas à la fois.

Il en va de même de notre ascension intérieure. Nous devons en premier lieu connaître tous les faits. Après quoi nous pouvons entreprendre notre ascension. *Toute vérité est accessible*. Vous n'avez aucune raison de souffrir. Voici un exercice destiné à faire le premier pas qui vous élèvera au-dessus de ce qui vous punit.

Cet exercice porte le titre suivant : *Est-ce bien cela que je veux ?*

Rien ne vous oblige à accepter quoi que ce soit qui mette votre bonheur en péril. Relisez la phrase suivante plusieurs fois avant de poursuivre votre lecture. Vous n'avez jamais raison de vous sentir malheureux, si persuadé que vous soyez du contraire. *Éprouver* une chose et en *penser* une autre, voilà en quoi consiste un conflit. Le conflit intérieur est la seule chose qui puisse nous faire souffrir. Par conséquent, l'accord de soi avec soi est la seule solution qui puisse rompre le sortilège de la souffrance que nous nous infligeons.

Voici comment. La prochaine fois que vous vous surprendrez à souffrir de quelque chose, cessez sur-le-champ toute activité et posez-vous le plus simplement et le plus honnêtement du monde la question suivante : *Est-ce bien cela que je veux ?* Efforcez-vous de visualiser ce qui se passe dans votre esprit. Vous constaterez que vos pensées veulent vous faire obéir à leurs désirs d'inquiétude ou de revanche ou de peur, et que pendant ce temps, vous souffrez. Les pensées traîtres sont comme l'ami qui vous invite à l'accompagner à un match de boxe. Ce n'est qu'une fois sur place que vous vous rendez compte que vous êtes un des boxeurs ! Je répète : rien ne vous oblige à tolérer quoi que ce soit qui mette votre bonheur en péril.

Intérieurement, vous pouvez et vous devez dire à toute pensée ou à tout sentiment conflictuel que « vous n'en voulez pas ». Plus vous comprendrez ce concept, c'est-à-dire que la souffrance est ridicule et qu'on ne doit *jamais* lui trouver une justification, plus votre volonté d'être en accord avec vous-même s'accroîtra. Une vie d'unité est une vie heureuse. Choisissez d'être heureux en choisissant de vivre comme *vous* l'entendez.

Prenez rendez-vous avec votre vrai moi

Si vous demandez à quelqu'un qui il est, il vous répondra sans doute en déclinant son adresse, son occupation, la façon dont les autres le voient et sa perception de lui-même. Il vous dira ensuite en détail ce qu'il compte faire pour améliorer tout ce qui précède. Cette personne commet la même erreur que nous tous quand il s'agit de répondre à l'éternelle question : « Qui suis-je ? » Elle se cherche où elle n'est pas. Elle s'efforce désespérément de se trouver dans le regard de sa famille, de ses amis, de ses amants, dans ses réussites, ses accomplissements ou ses loisirs, dans sa foi ou ses principes religieux traditionnels. Quand tout cela échoue à lui révéler un moi sûr de lui — ce qui, de toute façon, est impossible —, elle se cherche à tort dans ses sentiments autodestructeurs de peur, de désespoir, d'anxiété ou de défaite. Ce n'est pas terrible, mais le désespoir est incapable de discernement : un moi à mépriser vaut mieux que pas de moi du tout. Cet abandon de soi a deux conséquences.

D'abord, il comble le vide que ressent cette personne quand elle échoue à se trouver dans ses pensées habituelles ou lorsque la vie refuse d'entériner l'image qu'elle se crée d'elle-même. Dans sa tentative désespérée de se trouver, elle est prête à *tout* pour combler le vide en elle. Ensuite, son dégoût d'elle-même est alors si grand qu'il justifie son désir de fuir un moi rejeté et malheureux. L'ennui est qu'elle *ne fuit pas vraiment* ce moi malheureux, puisqu'elle continue toujours par la suite de le chercher dans les mêmes lieux et dans les mêmes visages. Puisque rien n'a vraiment changé, le processus se répète à l'infini. Ce n'est pas une vie.

La personne que vous êtes vraiment, votre moi réel et originel, n'est pas votre créature. Vous pouvez imaginer que le doute et la peur vous assaillent, mais vous ne pouvez pas vous précipiter par l'imagination dans la sécurité ou le bonheur authentique. Cessez d'imaginer la personne que vous devriez être, et soyez la personne que vous êtes. Comment ? Cessez de vous dire qui vous *devriez* être et prêtez l'oreille à la voix nouvelle qui s'efforce d'attirer votre attention. C'est elle qui peut vous dire où vous êtes ; écoutez-la. Voici un bref récit de vie intérieure, l'histoire d'un courageux petit lionceau. Il vous aidera à mieux comprendre les points importants que nous avons abordés dans ce chapitre.

Le petit animal ignorait tout du lieu où il se trouvait et il ne savait pas davantage comment il y était parvenu. Il ne savait même pas très bien quel animal il était. Tout lui semblait si confus. Sa tête bourdonnait de questions. Comment était-il arrivé ici ? Que faire ? Quelle direction prendre et, surtout, qui étaient les siens ? Où étaient-ils ? Si seulement il pouvait mettre de l'ordre dans tout cela, le reste se réglerait sans doute de lui-même. Et pour comble, le vacarme dans son cerveau n'était surpassé que par le vacarme qui sévissait au faîte des arbres de la jungle, où grouillaient par centaines des créatures bizarres.

— Inutile de rester ici, songea-t-il, et il s'approcha précautionneusement d'un groupe d'animaux visibles au-delà d'une petite clairière, ménagée récemment dans la forêt. À mesure qu'il s'approchait d'eux, il se rassurait: « Ce sont peut-être mes frères et sœurs. »

Soudain, un des animaux bondit dans sa direction pour le jauger. Ami ou ennemi ? Heureusement, au bout d'un court moment de tension, le babouin femelle l'accepta, et peu de temps après toute la tribu fit de même. Il sut qu'il était des leurs. Du moins, pendant un certain temps.

Il apprit à toiletter les autres et à se laisser toiletter, il grimpa aux arbres et escalada des rochers. Mais au bout de quelque temps, il devint très malheureux. Il n'aimait pas les manières des autres. Leur bavardage incessant et dénué de sens lui donnait des maux de tête. Pis, ils étaient tous si incroyablement nerveux et agités. Il valait mieux qu'il parte. Il n'était pas là chez lui.

Quelque temps après, alors qu'il errait sur les berges d'une rivière, quelque chose éveilla son intérêt. Il vit devant lui un petit troupeau d'animaux très puissants, d'une très grande bravoure. Ils disputaient un point d'eau à un animal bien plus grand qu'eux, qui poussait des cris terribles.

— Enfin, songea-t-il, ce sont sûrement mes frères. Et il s'élança au milieu d'eux.

Les sangliers furent encore plus surpris de cette intrusion que l'hyène qu'ils affrontaient. Devant sa défaite imminente, l'hyène préféra battre en retraite. Peu de temps après, après quelques reniflements et d'autres comportements étranges, les sangliers accueillirent parmi eux le jeune animal égaré. Il vécut quelque temps auprès d'eux, mais il comprit bien vite encore une fois que quelque chose allait de travers. Premièrement, il ne supportait pas d'avoir à fouiller le sol avec son museau pour trouver sa nourriture. Cela lui faisait mal ! Et puis, il y avait ces reniflements perpétuels… Quand il voulait parler aux sangliers dans leur idiome, les sons sortaient toujours de travers.

Mais ce qu'il détestait par-dessus tout, c'était leur susceptibilité et la fréquence de leurs querelles. Il y avait là beaucoup plus de violence que de tendresse. Il n'avait pas envie de partir, mais en son for intérieur il savait qu'il n'était pas à sa place parmi eux. Ce ne fut pas une décision facile. En s'éloignant, il se dit que, puisqu'il quittait ainsi sa toute nouvelle famille, désormais, il resterait seul. Il n'avait encore jamais connu une aussi grande solitude. Même les bruits vivants de la jungle ne comblaient pas le vide en lui.

Il marcha longtemps sans remarquer que le paysage autour de lui se transformait. Peu à peu, la végétation touffue qui l'avait entouré faisait place à de vastes savanes. Il aperçut à quelques reprises de petits troupeaux, mais il ne se donna pas la peine d'arrêter pour savoir s'il s'agissait de membres de sa famille. Son intuition lui disait que ce n'était pas le cas. Puis il s'arrêta pour se reposer. Tandis qu'étendu là il regardait tranquillement passer la vie, il éprouva un sentiment étrange et inexplicable. Il était très heureux. Et il n'avait pourtant aucune raison de l'être.

— Comment est-ce possible ? songea-t-il. J'ignore qui je suis et où je vais. Jusqu'ici, je n'ai réussi qu'à savoir ce que je ne suis pas.

Au beau milieu de cette interrogation, un bruit parvint jusqu'à lui à travers la savane. Son cœur bondit dans sa poitrine. Jamais il n'avait entendu un animal pousser un tel cri. Le cri jaillit de nouveau et le transperça. Il voulut s'enfuir, mais si insensé que cela paraisse, il oscillait entre fuir le bruit et courir au-devant de lui. Bien vite, il n'eut plus le choix. Il courut en direction du rugissement. Plus il approchait de la petite meute à l'allure royale, plus il était certain d'avoir découvert son chez soi. Il ouvrit la gueule pour présenter ses respects, et le même rugissement s'en échappa. Son cœur bondit. Il avait trouvé les siens. Il était, il avait toujours été le Roi de la jungle. Il le savait maintenant. Il était chez les siens.

Un résumé de ce chapitre vous aidera dans votre quête du vrai moi. Osez vous éloigner de toutes les attaches mentales et émotionnelles familières mais inutiles qui vous procurent une identité passagère et insatisfaisante. Votre vrai moi vous appelle. Pour l'entendre, vous devez être disposé à tolérer la peur de l'incertitude aussi longtemps que nécessaire.

Cet apparent abandon de soi deviendra vite votre plus grande joie, car vous comprendrez bientôt que la *seule* certitude que puisse vous apporter la peur est le compromis. Sachez que pour la personne que vous êtes en réalité, il n'y a *pas* de compromis possible.

Voilà en quoi consiste le grand mystère. Quand vous saurez qui vous n'*êtes pas*, vous saurez qui vous *êtes vraiment*. Prêtez l'oreille à l'appel de votre nature royale. Vous aussi vous trouverez le chemin de votre vrai moi.

Chapitre sept

Lâchez prise et laissez les forces supérieures de la vie assurer votre réussite

Vous est-il déjà arrivé de regarder le ciment d'un trottoir ou l'asphalte d'un parc de stationnement, en vous étonnant d'y voir pousser un unique brin d'herbe qui a su se frayer un chemin à travers le bitume jusqu'au soleil et à la lumière ? Quand nous songeons à un combat titanesque, nous n'imaginons pas la lutte que mène ce brin d'herbe pour passer de sa prison obscure à la lumière. Pourtant, même si nos occupations quotidiennes nous empêchent d'en être conscients, le combat ancestral pour la vie, qui se déroule sous nos pieds, se déroule aussi en nous-mêmes. Le besoin supérieur naturel que nous ressentons de trouver notre place au soleil — c'est-à-dire dans un univers qui commence là où s'achève notre vieux moi borné, un univers de liberté et de vie — ce besoin auquel nous ne répondons pour ainsi dire jamais, nous appelle sans répit. Ce besoin que nous ressentons tous de nous élever au-dessus de nous-mêmes est une loi immémoriale qui se manifeste en toute créature vivante.

Toutefois, contrairement au brin d'herbe ou au grain de moutarde qui cherchent le soleil sans se préoccuper des obstacles dressés sur leur chemin, nous nous laissons souvent décourager par les ténèbres intérieures qui nous séparent de la lumière d'une vie nouvelle. C'est une circonstance malheureuse qui s'aggrave à chaque fois que nous cherchons en vain une délivrance. Voilà pourquoi nous devons apprendre à lutter correctement. Pour vaincre, la juste compréhension de soi est essentielle. Voici comment elle nous aide à découvrir les merveilles du monde qui vit hors de nous. Si notre quête de liberté a toujours essuyé un échec, ce n'est pas parce que nous avons manqué de courage ou de chance. L'abondance ou la pénurie de ces particularités ne font aucune différence lorsqu'il s'agit d'échapper à nous-mêmes.

L'aigle, dans sa sagesse, sait d'instinct où attendre les vents favorables en planant. Sa soumission aux lois de la nature lui promet une vie de haut vol. Nous devons aussi apprendre à obéir aux lois supérieures qui gouvernent la liberté de l'être si nous voulons nous élever. C'est de cela dont il est question dans cet ouvrage.

Pour le moment, voyons comment les lois de la nature gouvernent même les plus petites créatures. C'est de ces principes supérieurs et de cette compassion que parlait Jésus-Christ lorsqu'il disait : « Considérez les lis, comme ils ne filent ni ne tissent. Or, je vous le dis, Salomon lui-même, dans toute sa gloire, n'a pas été vêtu comme l'un d'eux. Que si, dans les champs, Dieu habille de la sorte l'herbe qui est aujourd'hui, et demain sera jetée au four, combien plus le fera-t-il pour vous, gens de peu de foi[1] ! » Si ces principes supérieurs veillent aussi merveilleusement sur les plus petites créatures, quel soutien n'apporteront-ils pas à ceux qui choisiront d'obéir à leurs lois immuables ?

Nous savons qu'un brin d'herbe prisonnier des ténèbres doit faire son chemin jusqu'aux chauds rayons du soleil, sans quoi il périra. Il doit fuir ce qui lui est néfaste s'il veut vivre pleinement sa vie. Naturellement, bien que notre tendre petit brin d'herbe n'en sache rien, il n'est pas seul dans sa quête désespérée de lumière. La VIE même joue en sa faveur, cette force indéniable et intelligente qui affronte tous les obstacles avec le même cou-

1. Évangile selon saint Luc, 12:27-29

rage. Or, le petit brin d'herbe émerge au soleil envers et contre tout, car d'une façon ou d'une autre, la vie l'emporte invariablement sur tout ce qui pourrait freiner son expression.

Ces forces vitales peuvent travailler en votre faveur. Vous avez certainement ressenti le besoin de mener une vie plus satisfaisante en dehors de vous-même ? N'en va-t-il pas de même pour nous tous ? Nous ressentons tous le besoin de nous hisser au-delà des pensées et des sentiments qui nous restreignent, car notre vraie nature est une source de lumière et elle nous appelle, elle veut nous pousser à sortir des lourdes ténèbres de notre fausse identité. Elle veut nous offrir une nouvelle vie en échange de l'ancienne. Si nous nous soumettons à son éternel processus de régénération, elle se charge du reste.

N'en doutez pas. Vous pouvez le constater par vous-même. La preuve est dans tout ce qui vit autour de vous. Un monde nouveau, léger et juste, évolue hors de votre moi actuel. Le voyage jusqu'à lui est possible. D'autres l'ont fait avant vous.

Sachez traverser les pensées qui vous restreignent

Les enseignements de la vérité sont des directives devant nous encourager à permettre à la vraie vie de pénétrer en nous pour nous élever au-dessus de notre ancien moi. L'authentique épanouissement personnel devrait être aussi naturel aux êtres humains qu'il est naturel aux fleurs de tourner leur corolle vers le soleil. Il nous reste cependant encore beaucoup de mystères à élucider en ce qui concerne la vie spirituelle, et beaucoup de connaissances nous échappent que nous croyons avoir. Le récit qui suit provient de l'ouvrage de Vernon Howard intitulé *Inspire Yourself*. Il s'agit d'un de mes récits vérité préférés, car il est rempli d'allusions à notre vie inconsciente, ainsi qu'à ce que nous devons faire si nous voulons nous libérer de notre prison actuelle. Ce récit s'intitule « Le métal ahuri ».

> Il était une fois une tige de métal qui reposait confortablement sur une étagère, dans une usine. Elle y demeura longtemps, sans rien faire d'autre qu'accumuler de la poussière.

Un jour, un ouvrier la prit et, s'assoyant sur un banc, il se mit à la tordre, lui faisant perdre ainsi sa forme originelle. « Pourquoi me fais-tu cela ? » s'écria la tige de métal, saisie de panique et de peur.

« Pour t'aider à voir des merveilles que tu ne peux pas imaginer, répondit l'ouvrier. Pour l'instant, tout te semble étrange et terrifiant, mais un jour, tu en seras très heureuse. Tu vois, je suis en train de te transformer en télescope. »

QUAND NOUS ACCEPTONS NOS MÉTAMORPHOSES INTÉRIEURES, NOUS CESSONS D'ÊTRE AVEUGLES À L'IMMENSITÉ QUI S'OUVRE DEVANT NOUS[2] !

Le secret qui peut nous aider à quitter l'univers personnel contraignant que nous nous sommes créé est de *persévérer,* même si nous « avons l'impression » que tout va mal ou que nous « piétinons ». La décision de capituler ou de revenir sur nos pas est l'erreur que nous commettons quand nous ne possédons pas une parfaite compréhension de la situation. La connaissance supérieure devient alors essentielle à notre progrès spirituel. Lorsqu'on sait en conscience qu'il nous faut persévérer, mais que nos pieds n'ont pas encore capté le message, la compréhension peut nous ouvrir des portes et mieux nous aider à les franchir que ne saurait le faire l'obstination. Voici comment.

Nous savons maintenant que le faux moi s'ingénie à nous convaincre qu'il est notre seul univers viable. Un des moyens qu'il utilise pour parvenir à ses fins consiste à faire parler nos sinistres voix intérieures. Nos pensées s'adressent alors à nous en murmurant ou en criant :

— À quoi ça sert ?

— Tu n'avances pas !

— Tu t'es efforcé de changer, mais c'est trop difficile.

— Pourquoi créer des remous ?

— Retourne à ton ancienne vie. C'est beaucoup plus simple.

2. Vernon Howard, *Inspire Yourself*, New Life, 1975.

Par toutes sortes de moyens détournés, le faux moi s'efforce de faire vôtre sa façon de penser modelée sur la peur et la résistance au changement. Ces idées tendant à la défaite et à l'apitoiement sur soi ne sont pas les vôtres. Elles proviennent du même univers intérieur borné que la vraie vie vous incite à fuir. Votre désir sincère, mais faible, d'abandonner votre faux moi oblige votre nature inférieure à faire tout ce qui est en son pouvoir pour vous amener à croire que sortir de soi est non seulement dangereux mais impossible. Il sait que sa seule victoire possible consiste à vous persuader de votre défaite. Il ne tient pas à ce que vous sachiez qu'il ne peut pas vous empêcher de vous élever au-dessus de vous-même. C'est vrai ! Écoutez comme c'est extraordinaire. Le faux moi et tout ce qui le compose ne sont qu'une mécanique faite de souvenirs poussiéreux, de vieilles habitudes, d'anciennes peurs, de doutes récurrents, de plaisirs familiers et de nombre d'autres réactions d'une infinie variété. Bref, le faux moi n'existe pas vraiment. Il n'est pas plus vivant qu'un manège de fête foraine.

Laissez votre univers intérieur passer son chemin

Un homme s'aperçut en s'éveillant qu'il se promenait en voiture dans ce qui semblait être une maison hantée. Il ignorait où il se trouvait. Il faisait nuit, et l'homme n'avait pas le choix d'aller où bon lui semblait. Comme si cela n'avait pas suffi, il avait l'impression à chaque tournant que quelque chose sortirait de ses pires cauchemars pour l'attaquer. Il voulut sauter de la voiture et chercher de l'aide, mais une voix douce lui enjoignit fermement de n'en rien faire.

— Reste dans la voiture, dit-elle. N'aie pas peur. Cette obscurité, ces créatures n'existent pas. On ne t'oblige pas à être brave, mais si tu veux quitter cet endroit inquiétant, tu dois rester dans la voiture jusqu'à ton arrivée à destination. Si tu sautes maintenant hors de la voiture, tu t'égareras dans les ténèbres. Écoute-moi. Le soleil brille un peu plus loin. Tu n'as qu'à attendre la fin du trajet.

Il savait que quelque chose d'extraordinaire était en train de se passer, car son réflexe habituel l'aurait aussitôt poussé à sortir de la voiture et à courir comme un dératé à la recherche d'une issue. Il devinait inexplicablement que cette situation n'était pas nouvelle et qu'il lui faudrait cette fois trouver une solution tout à fait inédite.

Or, au lieu d'obéir à sa panique, il choisit de se conformer aux directives étranges qu'il recevait. Au bout de quelques instants qui lui parurent des siècles, il pénétra dans la lumière du soleil, exactement comme on le lui avait promis à condition qu'il reste dans la voiture. Le trajet parcouru était sans importance, constata-t-il avec soulagement. Voilà donc le sens de cette histoire et de ce chapitre. Laissez-vous conduire vers la liberté.

Les efforts délibérés que vous ferez pour sortir de vous-même et pour vous métamorphoser susciteront une pléthore de pensées et de sentiments qui n'hésiteront pas à vous montrer pourquoi vous ne sauriez parvenir à vos fins. Nous avons tous entendu leurs lamentations : « Impossible », « Pourquoi te donner cette peine ? », « C'est trop difficile » et ainsi de suite. Quand on ne les analyse pas, ces voix intérieures semblent vouloir notre bien. Mais si nous persistons dans notre volonté de nous hisser au-dessus de nous-mêmes en dépit de tout ce tapage, ces mêmes réactions seront bien obligées de se montrer sous leur vrai jour, et nous verrons qu'elles ne sont que peur et désespoir gigantesques ! Elles ne sont pas nos amies. En fait, leur seul rôle est de nous faire rebrousser chemin. Ces violents mais faux esprits malins accomplissent leur devoir en nous persuadant que nous ne pouvons pas aller plus loin puisqu'ils nous barrent la route.

Mais voici le plus beau de l'histoire. Voici ce que la connaissance de soi supérieure a de merveilleux et de rédempteur. Il n'est pas utile d'aller plus loin. Tout comme l'homme qui errait dans la maison hantée, vous n'avez qu'à prêter l'oreille à la voix de la vérité et à lui obéir. Écoutez-la maintenant. Vous n'êtes pas obligé de réagir à ce qui veut vous distraire de votre itinéraire hors de vous-même. En fait, comme l'homme du récit, vous ne devez rien faire d'autre que patienter. Vous êtes en sécurité dans la *conscience* de vos peurs ; vous ne l'êtes pas quand vous fuyez un doute qui vous terrifie pour vous jeter aussitôt entre les bras d'un autre. Mettez maintes et maintes fois en pratique cette leçon de patience. On ne mesure pas l'évolution intérieure réelle au sort que l'on réserve à telle pensée ou à tel sentiment inquiétant, mais à la sagesse nouvellement acquise qui dit qu'on ne doit rien faire. Si vous attendez simplement que ces pensées et ces sentiments terrifiants arrivent à destination, ils retourneront au néant d'où ils sont issus. Pour découvrir le monde merveilleux en dehors de vous, laissez votre univers intérieur passer son chemin. Vous n'avez qu'à jouer votre rôle. Vous vaincrez aussi sûrement que le soleil se lève.

Cet enseignement supérieur vous conduira au-delà de vous-même

— Je crois sincèrement que ce serait merveilleux de pouvoir sortir de moi-même, mais comment faire pour y parvenir ? Comment savoir si je vais dans la bonne direction ?

— Voici un secret connu uniquement de ceux qui ont fait ce voyage avant vous. Retenez son enseignement et vous connaîtrez le succès recherché. Éloignez-vous de l'incertitude mentale du « comment » pour entrer dans l'immédiat spirituel.

Nous devons prêter une attention particulière à cet enseignement secret. Tout comme une pierre précieuse, on en apprécie mieux la valeur si on l'observe sous tous ses angles. De même que la pierre précieuse projette son éclat dans toutes les directions, cet enseignement supérieur éclairera votre chemin quand vous en aurez percé le secret. Voici une des clés de ce secret. Le voyage hors de vous ne vous conduira pas en un lieu précis, mais bien à la prise de conscience du fait que votre vrai moi plane au-dessus des pensées et des sentiments ordinaires. L'activité cérébrale quotidienne faite d'incertitudes a un rôle pratique à jouer quand il s'agit de réparer la voiture, de construire une maison ou de faire fonctionner un ordinateur. Ces tâches sont commandées par le mental. Puisque nous vivons et que nous travaillons dans un monde physique, nous devons savoir « comment » on en arrive à « faire ». Cependant, pour ce qui est de vivre au-dessus et hors de soi, cette activité cérébrale capable d'envoyer des hommes sur la lune ne peut nous hisser au-delà de sa pensée la plus élevée. Et, comme nous l'avons vu, l'idée de la chose n'est pas la chose. En d'autres termes, il est impossible à l'esprit d'élever mentalement le moi au-dessus de lui-même.

Nous avons atteint une étape importante du travail sur nous-mêmes. Récapitulons brièvement. Nous voulons savoir « comment » accomplir ce voyage intérieur, mais nous savons aussi que même une exceptionnelle qualité de vie cérébrale ne saurait nous conduire au-delà de nos limites inhérentes. De ce point de vue intérieur unique, nous voici aptes à comprendre que quelque chose d'entièrement nouveau est nécessaire, qu'il nous faut faire un bond inimaginable par-dessus le gouffre creusé entre cet univers borné de l'activité mentale et la nouvelle vie qui nous attend au-delà de nous-mêmes.

— Je ne suis pas tout à fait sûr de comprendre. Si je ne puis me hisser hors de moi par la pensée, comment puis-je renoncer à mon niveau spirituel présent et accéder à un autre palier ?

— À mesure que vous prendrez conscience des limites que vous impose le fait de vivre en fonction d'un moi dominé par la pensée, vous ne ressentirez plus le besoin de savoir « comment », puisque vous comprendrez que cette question même provient du niveau spirituel dont vous voulez vous affranchir ! À cette étape-ci de votre évolution intérieure, il se peut que vous ayez l'impression que la situation est sans issue. N'oubliez pas que votre faux moi veut vous en convaincre. Sachez que la vérité a autre chose à vous offrir que cette sensation d'enfermement. Voici quelles sont ses directives. À chaque fois que vous atteignez ce point d'incertitude intérieure où vous savez que vous devez faire un autre pas en avant, tout en sachant que vous ne pouvez plus demander « comment » faire, ne vous posez pas la question *et avancez d'un pas*, un point c'est tout. Faites un saut dans l'inconnu. Rien ne vous arrivera de mal. En fait, un miracle se déroulera sous vos yeux. La décision courageuse que vous avez prise d'agir vous précipite dans l'immédiat spirituel où le moment présent vous enseigne *tout ce que vous devez savoir* sur la façon de procéder. En passant de l'incertitude mentale du comment à l'immédiat spirituel vous vous êtes placé sous l'influence d'une intelligence que l'inconnu n'effraie jamais, car elle est l'essence même de la compréhension. À votre grand soulagement, cette intelligence fera à votre place ce que vous ne vous croyiez pas capable de faire vous-même. Elle résoudra votre dilemme ; elle trouvera pour vous la voie. Vous n'aurez plus qu'à la suivre.

Peu importe que votre premier pas dans l'immédiat spirituel soit hésitant. Agir est ce qui compte. Si vous jouez votre rôle, la vérité se chargera du reste. Voilà pourquoi on dit de la vie spirituelle qu'elle est sans chemin battu. Quand on abandonne derrière soi son univers cérébral, il n'y a d'autre chemin que la prochaine étape... et la suivante... et l'autre encore. Alors, qu'attendons-nous ? Plus claire est pour nous la différence entre l'incertitude mentale du comment et l'immédiat spirituel, plus il nous est facile de quitter l'un pour pénétrer dans l'autre. En gardant en mémoire ce que nous venons de voir, méditez sur les énoncés qui suivent.

1. Dans l'incertitude mentale du comment
   Nous avons souvent peur de ce que nous ne comprenons pas.
   Dans l'immédiat spirituel
   Nous comprenons que la peur est une erreur de l'esprit.
2. Dans l'incertitude mentale du comment
   Nous voulons des réponses aux questions qui nous tourmentent.
   Dans l'immédiat spirituel
   Nous savons qu'il n'y a aucune sagesse à nous tourmenter, et nous renonçons à nous poser des questions.
3. Dans l'incertitude mentale du moment
   Nous demandons au passé de nous guider vers la sécurité de l'avenir.
   Dans l'immédiat spirituel
   Nous sommes délivrés du passé et nous n'appréhendons pas l'avenir, car nous vivons pleinement le moment présent qui est sans douleur.
4. Dans l'incertitude mentale du moment
   Nous n'aimons pas admettre que nous avons tort.
   Dans l'immédiat spirituel
   Nous n'éprouvons plus le besoin de prouver que nous avons raison.
5. Dans l'incertitude mentale du moment
   Nous perdons du temps à regretter le passé.
   Dans l'immédiat spirituel
   Le passé n'a qu'une existence pratique et il n'est jamais cause d'ennuis ou de douleur.

Vous pouvez dresser votre propre liste. En comparant ces deux états intérieurs, vous saurez de plus en plus clairement auquel de ces deux univers vous aspirez.

Brefs énoncés pour mettre fin à l'autoservitude

1

Rien ne vous empêche d'accéder au bonheur.

2

Ne cherchez pas à savoir « comment » ; laissez-vous guider par l'immédiat.

3

On ne peut concevoir par la pensée l'immédiat spirituel.

4

Quand on parcourt nos chemins intérieurs, la sortie de notre ancien univers est aussi l'entrée dans un univers nouveau, extérieur à nous.

5

Plus vous comprenez que vous ne sauriez vous aider à vous délivrer de vous-même, plus vous serez libre.

6

Vous sortirez de vous-même à la vitesse où vous voudrez en sortir.

7

La seule et unique voie de la réussite de soi passe par chacun de nos pas.

8

Vous voyagerez plus vite si vous raccourcissez la distance entre l'incertitude mentale du moment et l'immédiat spirituel.

9
La véritable réussite ne se mesure pas à ce que l'on accomplit mais bien à ce que l'on comprend.

Sachez détecter et repousser les intrus psychiques

Imaginez un instant que vous êtes assis dans un café ou dans une salle d'attente confortable. Puisque vous savez que votre formation supérieure comprend l'étude de votre semblable, vous occupez votre temps à discrètement observer les visages des gens qui vous entourent. À votre gauche, vous remarquez un homme d'affaires d'âge moyen dont les yeux bougent sans cesse de droite à gauche comme s'il cherchait quelque chose ; mais vous savez qu'il ne voit rien. Il est écrasé de préoccupations qui le pressent de trouver la solution à un problème. À votre droite, les lèvres de cette jolie femme dessinent une fine ligne amère. Elle a le cœur brisé par un chagrin d'amour dont le souvenir lui revient sans cesse à l'esprit. Devant vous, un monsieur aux tempes grises garde la tête penchée comme si ses pensées étaient pour lui un poids trop lourd. Il est abattu par de graves problèmes financiers.

Et tandis que vous restez là à observer vos semblables et à vous observer vous-même, vous êtes sans doute seul à remarquer que les personnes présentes n'ont pas d'yeux pour voir. Vous savez que ces gens ont permis inconsciemment à des intrus de s'approprier leur psychisme. Le domicile intérieur, le lieu où ils vivent, a été provisoirement envahi par des pensées et des sentiments négatifs dont le seul but consiste à dominer et à punir à leurs hôtes.

Il n'est pas aussi rare qu'on pourrait le croire de confondre intrus et invités bienvenus. Prenons pour exemple une expérience que nous avons tous connue. Un moment, vous marchez tranquillement, sans vous soucier de rien, et l'instant d'après vous avez l'impression de porter le monde sur vos épaules. Que s'est-il passé ? L'antiquité peut nous aider à le comprendre : examinons l'histoire du Cheval de Troie.

Afin de pénétrer par ruse à l'intérieur de la forteresse de leur ennemi, dont ils n'avaient pu s'emparer par force, les Grecs construisirent un gigantesque cheval de bois dans le ventre duquel ils cachèrent leurs meilleurs soldats. Ils placèrent ce cheval devant les portes de la ville, pour que leurs ennemis croient qu'il s'agissait d'un présent ou d'un cadeau de réconciliation.

Peu de temps après, les Troyens acceptèrent ce présent et firent pénétrer le cheval de bois à l'intérieur de la forteresse. Pendant la nuit, le ventre du cheval s'ouvrit et déversa ses soldats. Ceux-ci conquirent aussitôt leurs hôtes qui ne s'étaient doutés de rien.

Cette merveilleuse histoire peut nous aider à comprendre comment des pensées et des sentiments maraudeurs pénètrent notre domicile intérieur. Nous les y invitons à notre insu à chaque fois que nous nous trouvons dans l'impossibilité de distinguer nos ennemis intérieurs de nos amis. L'histoire qui suit nous montre comment nous pouvons reconnaître et repousser ces intrus psychiques. Mais avant de passer à cet important récit vérité lui-même, plantons-en le décor.

Il y a très longtemps, quand il y avait de vrais rois, certains nobles possédaient des terres si vastes qu'ils mettaient parfois plus d'une semaine à les parcourir à cheval ou en voiture. Le voyage, que ces familles royales effectuaient au moins une fois par an au changement des saisons, était facilité, le long du chemin, par plusieurs vastes relais royaux.

Ces confortables auberges accueillaient aussi pour la nuit les nombreux invités et dignitaires qui visitaient régulièrement les familles nobles. Chaque relais était pourvu à longueur d'année d'une importante domesticité comprenant des cuisiniers, des gardes, des servantes et des forestiers, dont le rôle consistait à recevoir les hôtes de passage et à les traiter avec tous les égards dus à leur rang.

Un intendant dirigeait la maisonnée et veillait à ce que le relais royal soit toujours prêt à accueillir ses hôtes. Il réunissait les connaissances et le savoir-faire nécessaires à la bonne marche des affaires. Et maintenant, allons-y.

Le retour du gentilhomme absent

Le gentilhomme et sa suite arrivèrent au relais royal peu après minuit. Ils se rendaient au domaine d'été, après une année complète de voyages en terre étrangère. Ils furent tous très heureux d'apercevoir les fenêtres illuminées et la cheminée fumante, car cela signifiait qu'ils avaient fait la moitié du chemin. Leur voyage prendrait bientôt fin, et ils jouiraient du repos et de la tranquillité dans le confort de leur demeure.

Mais quelque chose clochait. En provenance de l'auberge, des cris parvenaient aux oreilles du gentilhomme, et aussi des bruits d'objets que l'on brise et des jurons. Au moment où il descendait de voiture, la porte cochère s'ouvrit toute grande, laissant passer un cheval monté par un brigand ivre qui s'enfuit dans la nuit au grand galop. Le gentilhomme en demeura bouche bée. Heureusement, un autre homme parut aussitôt dans la porte ouverte. Il portait l'uniforme de l'intendant de la maison royale. Mais le soulagement du gentilhomme se mua très vite en inquiétude, car l'intendant en question n'était pas celui qui avait si loyalement servi sa famille pendant de nombreuses années. Pis, par son attitude, l'intendant montrait bien que le gentilhomme lui était étranger. Il ignorait aussi que cet homme était le propriétaire du relais.

Après quelques instants de confusion et de mises au point, l'intendant sut qui était l'homme qui venait d'arriver ; les domestiques coururent aussitôt çà et là dans la maison en s'efforçant de s'acquitter de leurs tâches.

En traversant la cour intérieure pour se rendre à l'auberge, l'intendant apprit au gentilhomme que son vieil et fidèle serviteur était décédé pendant sa longue absence en compagnie de sa famille. Puisque personne n'était habilité à lui nommer de successeur, les forestiers convinrent de se partager l'intendance à tour de rôle, à raison d'une semaine chacun.

Tandis qu'ils marchaient, le gentilhomme s'enquit alors de l'identité du cavalier ivre et de la raison de sa présence dans l'auberge. Le nouveau serviteur parut surpris et répondit : « C'était un invité. »

— Et qui l'a invité ? fit le gentilhomme.

L'intendant en fut très confus.

— Comment, ce n'est pas vous ?

Pressentant un problème dont il ignorait la nature, le gentilhomme dit: « Absolument pas. Qu'est-ce qui a bien pu vous mettre cette idée dans la tête ? »

— Mon Dieu, dit l'intendant en ouvrant la porte. Vous allez voir pourquoi je l'ai pensé. Il y a bien une vingtaine d'invités ici, tous ivres, comme le cavalier que vous avez aperçu sur son cheval. Et ils ont tous prétendu être vos invités. Comment pouvais-je deviner qu'ils ne l'étaient pas ?

À peine eut-il fini sa phrase que le gentilhomme pénétra dans le grand salon. Il n'en crut pas ses yeux. C'était le chaos total. La pièce était remplie de détritus, des restes de nourriture jonchaient le sol, ses biens les plus précieux avaient été brisés ou volés. Une demi-douzaine de brigands assis devant lui, soldats de fortune et vagabonds, buvaient son meilleur cognac. Quelques-uns portaient même les vêtements qu'ils avaient dénichés dans ses placards. Il pouvait apercevoir et entendre à l'étage une autre douzaine de bandits qui riaient en allant et venant dans les magnifiques suites réservées à ses hôtes. C'en était trop. On appela les gardes qui, en moins d'une heure, chassèrent tous ces indésirables. Le lendemain matin, les lieux étaient tels qu'ils auraient dû être à l'arrivée du gentilhomme. Toute la racaille avait été chassée, et le relais était de nouveau propre et calme.

Le gentilhomme était un homme sage et bon. Il comprit qu'aucun des remplaçants ne pouvait savoir ce qu'on attendait de lui et il ne leur infligea aucune punition pour les dommages causés. Il choisit au contraire parmi eux un intendant permanent et un assistant qui devraient se familiariser avec leurs nouvelles responsabilités. Il leur remit la liste soigneusement préparée de ses directives royales en leur enjoignant d'y obéir scrupuleusement lors de ses absences. Il y avait là tous les conseils qu'ils devaient suivre pour être en mesure de distinguer à l'avenir les vrais invités du gentilhomme et les intrus qui prétendraient l'être. Voici en quoi consistait cette liste :

Comment distinguer les vrais invités des intrus

Les vrais invités :

1. S'annoncent.
2. Savent se tenir.
3. Sont agréables et polis.
4. Rendent service quand c'est possible.
5. Restent calmes.
6. Sont soucieux des autres.
7. Sont aimables.
8. Partent sans bruit.
9. Font en sorte que vous soyez heureux de les avoir accueillis.

Les intrus :

1. Arrivent à la dérobée ou à grand fracas.
2. Croient que tout leur est dû.
3. Sèment le désordre.
4. Profitent de chaque situation.
5. Ont un côté détestable.
6. Insistent pour qu'on se plie à leur moindre caprice.
7. Se plaignent sans cesse de tout.
8. Se rendent coupables de vol.
9. Font en sorte que vous ayez envie de rester seul.

À compter de ce jour, l'intendant en chef et son assistant obéirent aux directives royales du gentilhomme et ne permirent plus jamais à un intrus de pénétrer dans l'enceinte du relais royal. Et tous vécurent heureux jusqu'à la fin de leurs jours.

Les ressemblances entre l'histoire de ce gentilhomme et notre histoire personnelle sont évidentes. Nous aussi, nous nous sommes absentés de nous-mêmes, nous avons quitté le domicile intérieur dont le Roi des Rois nous avait confié la garde. En l'absence de vraie conscience de soi, notre domicile intérieur s'est transformé en refuge psychique pour toutes les pensées et tous les sentiments négatifs qui peuvent y entrer et y rester aussi longtemps qu'ils en ont envie. Tout comme le remplaçant mal avisé de l'intendant, nous accueillons depuis si longtemps les intrus et les vrais invités que nous ne savons plus très bien les distinguer les uns des autres.

Mais voici le beau de l'histoire, de votre histoire : le retour du gentilhomme. La vérité, ce principe royal, nous apprend qu'aucune douleur morale ou émotionnelle n'est autorisée à séjourner en vous. Si vous souffrez dans votre cœur, c'est parce que vous avez pris un intrus pour un invité. Votre aptitude à déceler les intrus — que vous pouvez apprendre dès maintenant à développer — est une prérogative royale qui vous confère tous les pouvoirs dont vous avez besoin pour préserver votre domicile psychique des hôtes malhonnêtes et impolis. Relisez plusieurs fois les directives royales du gentilhomme. Laissez-les influencer la naissance en vous d'un nouvel intendant qui rétablira la paix dans votre domicile intérieur et qui veillera à jamais sur elle.

Vivez le miracle de la pleine réalisation de soi

J'ignore si vous avez remarqué le changement dont il va être question ici, mais il y a plusieurs années, quand on faisait un tour de montagnes russes, on montait toujours dans notre wagon là où en descendaient les passagers précédents. De nos jours, les manèges récents conservent une distance entre le lieu d'embarquement et le lieu de débarquement, de sorte que le train est toujours vide quand il arrive à la plate-forme de départ. Ce n'est pas un hasard. Les concepteurs de ces manèges connaissent mieux qu'auparavant la psychologie humaine. Ils savent que le client recherche le plaisir. Ils savent aussi que pour éprouver ce plaisir, vous devez avoir l'illusion de *vraiment* aller quelque part. Ces maîtres de l'amusement font donc l'impossible pour vous dissimuler le fait que les montagnes russes qui vous intéressent ont un seul et même point de départ et d'arrivée. Mais ils sont incapables de miracles et, même admirablement conçues, des montagnes russes ne sont jamais que des montagnes russes. Elles vous proposent un voyage de rêve et vous ramènent à votre point de départ.

Il nous est arrivé à tous d'être épuisés après une journée au parc d'attraction et d'avoir simplement envie de monter dans une voiture de manège qui nous ramènerait aussitôt à la maison. Ce sont là des sentiments naturels après une rude journée. Nous ne voulons plus monter et descendre, ni tourner en rond. Nous sommes fatigués et le plaisir n'y est plus. Nous sommes heureux que la journée finisse, car nous savons que bientôt nous aurons retrouvé le calme de notre domicile où rien ne nous agressera.

Partant de cette image des montagnes russes, essayons d'avoir un aperçu nouveau de l'univers intérieur où tourbillonnent nos pensées et nos sentiments. C'est un univers secret de montagnes russes capables de nous procurer de vifs plaisirs mais qui, tout comme celles du parc d'attraction, ne conduisent nulle part. Pour la plupart, les hommes et les femmes passent leur vie dans ces parcs d'attractions intérieurs, ils laissent les montagnes russes ballotter leurs émotions, grimpent avec chaque espoir, chaque rêve ou chaque réponse nouvelle, et redescendent aussitôt quand ils constatent que ce n'est pas encore la bonne solution. L'entreprise fait faillite ou le mariage est rompu. La santé décline. Un ami que l'on croyait fidèle nous trahit. Le sentiment que la vie nous abandonne est une sorte de montagne russe solitaire qui nous conduit de l'expectative au sentiment de trahison. Le véritable drame est qu'après tant d'années passées dans ces montagnes russes émotionnelles nous en venons à croire que la vie n'est qu'un barattage intérieur. C'est absolument faux. En réalité, c'est tout le contraire.

Les questions et réponses qui suivent jetteront un éclairage bienvenu sur cet important concept.

Q: Si je comprends bien, vous me dites que ces sensations de mouvements, ces péripéties intérieures n'ont rien à voir avec la vraie vie ? Mais n'est-ce pas pour cela que nous vivons ? Pour éprouver ces sensations ? Qu'y a-t-il d'autre ?

R: Votre question nous précipite au beau milieu du plus important malentendu nous concernant et concernant nos capacités spirituelles réelles. Ce mouvement de piston qui agite nos émotions ne représente pas plus la vie que les vagues ne représentent tout l'océan. Le mouvement de surface de l'océan n'est qu'une de ses manifestations. Mais qu'est un remous comparé aux abysses ? Vous voyez ? Nous pouvons pénétrer bien plus loin dans la vie si nous acceptons de nous examiner en profondeur.

Q: J'ai souvent réfléchi à ces choses, et je sens que ce que vous dites est vrai. Mais entre sentir et comprendre, il y a un gouffre. Que puis-je faire, concrètement, pour mieux prendre conscience de cette vie plus importante et plus complète ?

R: Commencez par vous permettre d'être aussi insatisfait de votre vie présente que vous l'êtes.

Q : Pour quoi faire ?

R : Plus vous constaterez que vous n'êtes pas heureux de la vie que vous vous êtes donnée, plus vite vous serez disposé à accueillir une nouvelle vie que vous n'avez pas engendrée vous-même.

Q : Continuez. Une telle vie existe-t-elle ?

R : Avant de recevoir cet enseignement, nous supposions que notre insatisfaction avait pour cause la façon dont nous avions été traités par la vie. Mais nous apprenons maintenant que notre malheur et notre sentiment d'inachèvement n'ont rien à voir avec la façon dont la vie nous traite, et tout à voir avec ce que nous appelons la vie. La colère, la déception, la frustration et tous leurs contraires ne sont que des sensations. Cela est très important. Appeler vie ces mouvements chaotiques ne les anime pas, tout comme le fait de prétendre qu'un robot de cuisine qui ronronne et vibre est un avion n'en fera pas un engin volant. Comme les manèges du parc d'attractions, pensées et sentiments familiers semblent vous conduire quelque part. En réalité, ils vous ramènent à votre point de départ et vous redonnent l'envie de repartir. Plus cette vie et ce qu'elle vous a donné vous décevra, moins vous vous intéresserez à elle. C'est tout à fait sain.

Q : Pourquoi ? Qu'est-ce que cela changera ?

R : Dès l'instant où vous cessez de vous identifier à un univers de sensations chaotiques, vous prenez conscience d'un tout nouveau monde intérieur. Vous ressentez, faiblement d'abord, mais de façon certaine, l'appel d'une vie supérieure calme et enrichissante. Répondez. Partez. Abandonnez courageusement le vieux moi de votre conception.

Q : Qu'arrive-t-il ensuite ? Qui serai-je, privé de mes sentiments familiers ?

R : Vous saurez ce qu'est un miracle. En vous éloignant de l'ancienne vie intérieure que vous vous étiez fabriquée, vous commencerez à comprendre que les sensations stimulantes dont vous croyiez qu'elles vous animaient, vous privaient de vie. Vous serez heureux de constater que cette stimulation pâlit si on la compare à l'épanouissement personnel, premier objet de votre quête. Vous comprendrez que dans la vraie vie on est vraiment satisfait, car en renonçant à ce que l'on crée soi-même, on pénètre dans l'univers réel, où tout est entier, y compris soi-même.

Sortez, c'est sans danger !

Imaginez un petit convoi serpentant à travers le désert. Dans chacune de ses voitures une famille originaire de la côte Est s'élance vers une nouvelle vie dans une des nouvelles colonies de l'Ouest. Le convoi se fraie lentement un chemin parmi les rochers, dans le sable et la chaleur. Chaque horizon se mêle au suivant. Puis, un beau soir, tout de suite après qu'on ait monté le bivouac, le chef du convoi demande à son éclaireur de venir le rejoindre devant le feu de camp. Là, il lui dit à mots couverts avoir aperçu des indices certains de la présence d'Indiens juste avant de franchir la dernière rivière. Puisque le défilé de montagnes droit devant est l'endroit idéal pour une embuscade, il demande à l'éclaireur de précéder le convoi, de traverser le défilé et de revenir lui faire rapport avant l'aube. La sécurité de tous dépend de lui, dit-il à l'éclaireur.

L'éclaireur, ayant écouté attentivement le chef du convoi, comprend en un éclair la situation précaire où ils se trouvent tous. Après avoir fait provision de bœuf salé, de biscuits et d'eau, il saisit son fusil Winchester et saute sur son cheval. Avant même que le chef de convoi ait pu lui souhaiter bon voyage, il est déjà loin et se fond dans les ténèbres en direction de la gorge étroite. Un coyote hurle dans la nuit sans lune. « La nuit sera longue », songe le chef de convoi. Il prépare du café.

Trente minutes plus tard son attention est captée par un bruit dans la noirceur au-delà de la flamme de son feu. Levant les yeux de sa tasse fumante, il est surpris d'apercevoir son éclaireur en face de lui. Il se dit qu'il a dû se produire une chose terrible. Le maître de convoi rompt le silence en chuchotant fébrilement : « Pourquoi es-tu déjà de retour ? Tu devais t'assurer que le défilé sera sans danger pour nous demain. »

Au bout d'un long et étrange silence, l'éclaireur répondit : « J'étais en route pour le défilé quand j'ai compris qu'il y avait un petit problème. »

— Quel problème ? demanda le chef de convoi.

En s'efforçant de contrôler le tremblement de sa voix mais assez fort pour être bien sûr qu'il serait compris, l'éclaireur déclara : « Et s'il y avait vraiment des Indiens là-bas ? »

Cette anecdote comporte un message important. Pour mieux en saisir le sens, voyons ce que l'éclaireur disait réellement au chef de convoi : « Vous plaisantez ? Je pourrais me faire tuer à ce jeu… Je pourrais même me jeter sur leurs flèches. À bien y songer, le métier d'éclaireur ne m'intéresse plus du tout. Trouvez quelqu'un d'autre ! »

Qui ne comprend pas ce brusque revirement ? En ces temps révolus, quand des hommes et des femmes courageux luttèrent pour conquérir de nouveaux territoires et accéder à une vie nouvelle, ils croisèrent plus de dangers que de certitudes. L'histoire nous enseigne qu'ils furent nombreux à tomber entre les pattes du destin en renonçant à leur univers et à leur vie pour plonger dans un inconnu riche de promesses.

Réfléchissons un moment à cette histoire, car au cours de notre trajet vers un moi supérieur nous devrons nous aussi nous aventurer dans des territoires inconnus et difficiles. Chacun des personnages du récit vit en nous. Par exemple, le chef de convoi est notre intuition supérieure, celle qui sait que pour assurer la sécurité de notre évolution intérieure nous devons vaincre en les traversant les résistances que nous avons jusque-là tenté de contourner. Sans doute est-il temps que vous cessiez de fuir telle personne ou telle circonstance déplaisante. Sans doute remettez-vous depuis longtemps à plus tard une tâche que vous devez accomplir ou la recherche d'une solution à un problème. Comblez les vides. Ce qui compte, c'est que dans ces voyages intérieurs, on ne contourne pas la sortie : on la franchit.

Le reste de ce chapitre vous le démontrera.

L'éclaireur est cette partie de vous qui est apte à agir en fonction d'impressions très fortes que lui transmet son chef de convoi intérieur, c'est-à-dire son intuition supérieure. Elle a pour tâche de rassembler ce qui vous compose, c'est-à-dire le convoi où les voyageurs consentants et les mules têtues se côtoient, et de vous guider vers le nouveau monde connu du seul chef de convoi. Mais, comme nous venons de le voir, même un éclaireur peut être assailli par le doute et la peur. Ne le savons-nous pas tous ? Encore une fois, notre vie intérieure nous démontre sans cesse qu'entre savoir que nous devons accomplir une chose et l'accomplir, il peut y avoir un gouffre, surtout lorsque nous devons sortir des sentiers battus.

Voyons ci-dessous quelques exemples où le chef de convoi dit : « Allez devant, et jugez de l'état de la route », et que nous lui répondons : « C'est trop dangereux » ou « Je ne m'en sens pas le courage ».

Vous savez, ou vous vous doutez que :

1. *Vous devez cesser de provoquer cette personne agressive.*
2. *Vous devez refuser de vous apitoyer sur votre sort.*
3. *Vous devez oser vivre sans l'approbation de vos semblables.*
4. *Vous devez donner plus d'importance à une impitoyable honnêteté personnelle qu'à d'agréables flatteries.*
5. *Vous devez courageusement vous éloigner un peu plus de vous-même.*

Soyez très attentifs à ce qui suit. Allez de l'avant, *faites le prochain pas*, quel qu'il soit. Foncez. Vous savez en quoi ce pas consiste. La vérité vous promet que rien ne vous arrivera. Franchissez-la. Parce que cette difficulté, ce blocage, cette relation cruelle semblent être en dehors de vous, vous craignez quelque répercussion, vous craignez d'être puni si vous vous affranchissez de leur emprise. La vérité est que les étroits défilés de la vie et tous leurs dangers font partie du voyage intérieur et, en tant que tels, ils sont incapables de vous nuire. C'est vrai. Sortez. C'est sans danger. N'ayez pas peur de vous éloigner de vous-même. Prenez plutôt conscience du danger où vous précipitez votre moi par la pensée. Cette connaissance supérieure est ce qui doit vous pousser en avant, car vous savez maintenant que le fait de rester sur place comporte des dangers que n'offre pas le plongeon dans l'inconnu.

L'assurance-voyage

Les écrits védiques, notamment le Bhagavad-Gita, la bible de l'Orient, relatent une conversation entre le seigneur Krishna et Arjuna. Arjuna aspire à une vie supérieure, mais avant de pouvoir accéder à son vrai moi, il doit affronter un grave conflit et de nombreuses difficultés. Dans un fragment très émouvant de cette conversation, Krishna, qui a provisoirement assumé une forme humaine dans le but de venir en aide à Arjuna, lui dit qu'il ne doit pas craindre les difficultés qui s'annoncent. Pour l'encourager, il lui dit: « Ni fronde ni flèche » ni toute autre arme humaine n'est un danger pour le vrai moi d'Arjuna. Krishna le rassure encore en ajoutant: « Le cœur qui vibre d'un juste désir ne saurait se perdre. » À la fin, Arjuna obéit aux directives de la vérité. Il persiste et triomphe.

Nous aussi devons persister dans notre détachement de nous-mêmes. Rien de vrai ne nous sépare de la vie dont nous avons rêvé. Que cette assurance-voyage vous donne du bon vent.

« Quand le cœur pleure ce qu'il a perdu, l'esprit se réjouit de ce qu'il a trouvé. »

SOUFISME

« Oui, même si je traverse cette vallée de la mort, je ne craindrai rien puisque Tu es avec moi. »

ANCIEN TESTAMENT

« Une autre vie existe plus haut, plus bas, au plus profond de soi. »

BHAGAVAD-GITA

« La vérité est la fin et le but de toute vie, et les mondes existent pour accueillir la vérité. Ceux qui refusent d'aspirer à la vérité n'ont pas compris le sens de la vie. Béni soit celui qui fait de la vérité sa demeure. »

BOUDDHISME

« Dieu ne nous a pas donné la peur, mais le pouvoir, l'amour et la force de l'esprit. »

NOUVEAU TESTAMENT

Chapitre huit

Osez lâcher prise et vivez comme vous l'entendez

Tournons-nous vers le brillant homme de science, inventeur et homme d'affaires Charles Franklin Kettering, pour de précieux conseils. Sa prescience lui valut de grandes réussites ainsi que le dépôt de nombreux brevets importants quand l'industrie automobile en était encore à ses débuts. Comme vous le verrez, nous pouvons tous tirer des enseignements de l'aptitude unique de M. Kettering à résoudre les problèmes qui se présentaient à lui. Il était persuadé qu'un problème consentait à être résolu, à la condition que celui qui en cherchait la solution sache qui était aux commandes; et selon M. Kettering, le *problème* était aux commandes, non pas la personne qui cherchait à le résoudre. Il avait l'habitude de dire à ses collègues que la seule différence entre un problème et une solution est que les gens *comprennent* la solution. Pour arriver à une solution il suffit d'un *changement de point de vue*, puisque la solution existe depuis toujours, qu'elle est depuis toujours *au cœur du problème*. La tâche consiste non pas à neutraliser le problème, mais bien à l'inciter à accoucher lui-même de sa solution.

Ce raisonnement supérieur peut être mis en pratique dans toutes sortes de circonstances. Il se fonde sur une notion importante : être éclairé compte plus que dominer. Demandez-vous maintenant ce que vous préféreriez : endiguer temporairement un problème personnel douloureux en sachant que vous devrez le combattre encore dans l'avenir, ou bien vous en libérer complètement en comprenant sa *véritable* cause ? Vous n'avez pas le choix. Voilà pourquoi, dès que nous faisons face à un problème personnel, nous devons opter pour notre vrai moi en renonçant délibérément à notre façon habituelle de chercher une solution. Encore une fois, la clé consiste à laisser le problème nous révéler *sa* vraie nature. Car c'est en examinant le problème tel qu'il est réellement que nous pouvons trouver sa *véritable* solution. L'exemple qui suit clarifiera un peu ce principe énergique.

Imaginez un homme dans sa maison qui a tout à coup très froid. Il enfile un chaud pardessus, mais cela ne suffit pas à le réchauffer. Ses pieds sont glacés. Il ajuste le thermostat, mais il n'arrive toujours pas à trouver un peu de chaleur. Il en est très étonné. Se demandant s'il n'a pas pris froid, il avale un médicament et songe à consulter son médecin. Puis, tout à fait par hasard, il constate qu'un des rideaux des portes-fenêtres bouge doucement. Il s'approche de la porte et tire le rideau. Sa peur de tomber malade s'évanouit. Tout est clair. Le froid entrait par les portes-fenêtres et se répandait dans la maison. Pour se réchauffer et réchauffer la maison, il n'a plus qu'à fermer la porte.

Cette anecdote comporte plusieurs enseignements, y compris celui-ci : nos véritables problèmes ne sont presque jamais ce qu'ils semblent être à première vue. C'est particulièrement vrai en ce qui a trait à nos vaines tentatives pour vivre comme nous l'entendons. Les quatre paragraphes suivants ont été conçus pour nous aider à comprendre comment la façon d'accéder à la véritable autonomie nous est révélée par le problème lui-même.

Nous pensons que le problème est :

qu'il nous est difficile d'être nous-même et de vivre comme nous l'entendons quand certaines personnes ou certaines circonstances difficiles exigent que nous fassions des compromis.

Notre solution immédiate habituelle *consiste à :*

faire valoir nos droits dans la mesure du possible après avoir pesé chaque solution, mais sans risquer de perdre ce que nous possédons déjà.

Si nécessaire, éviter toute situation contre laquelle nous ne pouvons rien.

Les résultats néfastes sont :

une vie de conflits incessants, car nous passons notre temps à comparer ce que nous aurions à gagner et ce que nous aurions à perdre si nous osions nous affirmer.

Mais le vrai problème *est que :*

une voix intérieure nous livre silencieusement mais sûrement un message selon lequel nous devrions nous abandonner aux puissances qui nous gouvernent ; que nous ferions mieux de capituler puisque nos chances de bonheur sont pratiquement nulles.

Arrêtez-vous un moment et réfléchissez au nombre de fois où vous avez capté ce malheureux message intérieur. Les extraordinaires stratégies guerrières de Gengis Khan peuvent nous aider à comprendre la volonté derrière ces messages de détresse et de défaite.

La victoire ultime sur nos voix intérieures néfastes

Peu de gens savent que Gengis Khan a vaincu nombre de ses ennemis en menant une guerre psychologique au *sein même* de leurs troupes. Parfois même, il les conquit sans se battre. Voici comment il put asservir ses ennemis à leur insu. Khan envoyait en éclaireurs chez l'ennemi des agents spécialement entraînés, et ces espions, qui se comportaient comme de simples paysans, infiltraient le camp adverse. Une fois acceptés par l'ennemi, ils propageaient de terrifiants récits concernant la dimension, la puissance et l'invincibilité des armées de Gengis Khan. Puisque ces récits provenaient des soldats, et que ces derniers n'avaient aucune raison apparente de mentir, on les croyait. Les rivaux de Khan n'avaient donc d'autre choix que capituler devant des forces infiniment supérieures aux leurs.

Cette anecdote historique reprend exactement ce qui se passe en vous et en moi. Efforcez-vous de le comprendre. Nous avons été envahis à notre insu. Et tout comme les ennemis de Gengis Khan ne se doutaient de rien, nous avons cru que notre ennemi était un ami. Dans ces circonstances particulières, c'est notre faux moi qui nous a trompés en nous enjoignant de jouer serré et d'accepter tous les compromis nécessaires à la sauvegarde de notre sécurité psychologique. Nous sommes persuadés à tort que ces mises en garde, qui proviennent de notre for intérieur, visent à nous protéger des attaques quotidiennes d'un monde insensible. En réalité, ces mises en garde, porteuses de mauvaises nouvelles, *sont nos seuls et uniques assaillants*. Le problème est que, jusqu'à présent, nous n'avons pas su avoir une vue d'ensemble. Nous pensons — tout comme les ennemis de Gengis Khan ont été induits eux aussi à le croire — que la seule solution intelligente qui nous reste quand nous affrontons une difficulté en apparence insurmontable consiste à pactiser avec l'ennemi, à en venir au meilleur accommodement possible et à apprendre à tolérer ce que nous ne pouvons pas changer. Maintenant, nous découvrons que ces nombreuses difficultés apparentes ne sont rien d'autre que les fruits d'une imagination sinistre, que ces pensées et ces sentiments bouleversants sont le seul obstacle qui se dresse entre nous et la vie heureuse que nous désirons.

— Je comprends ce que vous dites, et je crois même être en mesure de reconnaître quelques-uns de mes envahisseurs, par exemple, mon appréhension face à l'opinion des gens si je fais ce qu'il convient de faire ; ou les voix qui m'incitent à opter pour une solution facile plutôt que me dépasser. Mais il y a sûrement quelque chose qui m'échappe. Une fois qu'on a décelé ces intrus, comment fait-on pour les chasser de notre psychisme ?

— Votre volonté d'examiner et de déceler les agissements du faux moi débouchera sur une conclusion étonnante et inévitable. Mieux vous comprendrez que votre seul problème provient des faux amis que vous accueillez en vous, plus vite vous les chasserez et assumerez votre solitude intérieure.

— Est-ce vraiment possible ?

— Oui. Dans ce monde où nous vivons, nous devons faire l'expérience de toutes sortes de relations humaines. C'est bénéfique et normal, et cela peut nous procurer de grandes joies. Mais contrairement au monde extérieur où nous ne pouvons éviter la compagnie de nos semblables, dans notre monde intérieur *rien ne peut nous empêcher d'être seul. Cette solitude* est ce qui nous permet de faire taire les voix intérieures qui nous veulent du mal et de dominer la peur qui nous habite. Ils n'ont d'autre interlocuteur que nous.

Si vous vous efforcez de vivre seul intérieurement, un jour viendra où le mot « solitude » ne vous effraiera plus, car les ténèbres n'envahiront plus votre psychisme et cesseront de vous répéter que vous êtes seul. Vous aurez enfin conquis votre liberté. Vous vivrez comme vous l'entendez, chaque jour. La confiance et la joie feront partie des bienfaits que vous procurera votre nouvelle autonomie, car maintenant vous n'aurez de comptes à rendre *qu'à vous-même*.

Surmontez l'obstacle qui vous sépare de la véritable autonomie

La véritable autonomie est le fruit d'une vie intérieure éclairée. Tout comme le fruit de l'arbre obéit à un cycle naturel dont la maturité est le terme, notre moi doit aussi obéir à un cycle naturel d'épanouissement au terme duquel il peut vivre sa vie comme il l'entend.

Chacune des étapes qui mènent à cette autonomie est à la fois un défi et une récompense. Le défi consiste à persévérer, à faire un pas de plus dans cette voie malgré l'obscurité et les dangers apparents ; la récompense vient *après*, quand vous découvrez avec plaisir et soulagement que votre moi réel ne peut pas trébucher ! Ainsi, un homme ou une femme accèdent pas à pas à la plénitude de leur être autonome et authentique.

Toutefois, comme dans toute ascension vers un sommet, certaines étapes sont plus difficiles à franchir. Plus nous mettrons en lumière les affleurements psychologiques qui brouillent notre vision, plus notre ascension sera aisée. Souvenez-vous que la vérité ne vous conduira jamais dans une impasse. Lorsque vous croyez être dans une impasse, c'est tout simplement parce que ce que vous voulez emporter avec vous ne saurait faire partie de cette vie supérieure qui vous attend. Lâchez prise. La prochaine étape en sera facilitée.

Un des principaux obstacles qui se dressent sur le chemin de notre autonomie, obstacle que n'arrivent pas à franchir bon nombre d'aspirants, est l'hésitation à comprendre que la condition humaine est encore pire qu'ils ne l'imaginaient. Il doit en être autrement pour vous. Ainsi que vous le verrez bientôt, seule votre inébranlable perception du niveau inférieur de vie de la société et de ses gouvernements économiques et religieux peut mettre en œuvre les forces supérieures capables de susciter votre autonomie. Vous ne devez jamais hésiter à percevoir les gens tels qu'ils sont, ni vous sentir coupable de ce que votre vision supérieure vous révèle à leur sujet. La culpabilité qui vous vient de ce que vous croyez avoir mal agi en voyant le mal chez vos semblables est une illusion du faux moi. Il veut que vous mettiez votre confiance dans les autres, pour que vous vous sentiez inquiet et trahi quand ils ne correspondront pas à vos attentes. Dans son extraordinaire ouvrage intitulé *50 Ways to See Through People*, Vernon Howard nous explique pourquoi nous ne devons jamais nous sentir coupables de déceler la présence du mal chez nos semblables.

Les spécialistes de la nature humaine expriment parfois de la répugnance à montrer la fausseté et la faiblesse de l'être humain. Ils jugent préférable de ne pas déceler le mal. C'est le contraire qui est vrai. Nous devons reconnaître et admettre l'existence de comportements pernicieux chez l'être humain, car seule la mise à découvert du mal peut inviter le bien. Le vrai danger réside dans le refus de voir ces choses en face, car l'illusion met la dupe en péril. Prendre un requin pour un dauphin est stupide et inutile. Quand un sage voit un requin, il sait qu'il voit un requin. Depuis quand est-ce mal de reconnaître la vérité[1] ?

Ainsi, il est à la fois sage et bénéfique de bien connaître les faiblesses de la nature humaine. En effet, si nous voulons que notre quête d'indépendance connaisse un dénouement heureux, nous devons apprendre non seulement à accepter la réalité de ces révélations bouleversantes, mais aussi à en réclamer d'autres. La vérité sera très obligeante. Voici trois énoncés qui nous aideront à lâcher prise et à accéder à notre autonomie spirituelle.

---

1. Vernon Howard, *50 Ways to See Thry People*, New Life, 1981.

Premier énoncé : vous ne pouvez dépendre des autres que tant et aussi longtemps que votre dépendance les accommode.

Deuxième énoncé : peu importe les apparences, tout individu n'a que ses *propres intérêts* à cœur.

Troisième énoncé : même dans leurs manifestations les plus typiques, la générosité et le bénévolat ne sont pas le fait d'une nature compatissante, mais celui d'un désir inconscient de s'enivrer d'un sentiment de bonté. Si vous oubliez de remercier la personne qui s'est montrée généreuse envers vous, aussitôt sa bienveillance se transforme en ressentiment ou même en indignation.

Ces énoncés supérieurs n'ont rien de négatif. Ce qui est négatif, c'est de refuser d'admettre que nous avons été trahis. Les preuves de cette trahison sont renversantes.

Le fait de dépendre des autres pour notre autonomie psychologique est une bombe à retardement. Rien ne vous oblige à vivre un jour de plus dans cette terreur. Si vous vous donnez la permission d'admettre la vérité sur la nature humaine et ses faiblesses, la vérité vous révélera sur vous-même des choses qui vous élèveront bien au-dessus de vos préoccupations actuelles. Ne craignez donc pas de vous rendre à cette évidence provisoirement bouleversante, mais extraordinaire : *vous ne pouvez compter sur personne*. Il n'y a personne sur qui vous puissiez compter, du moins là où vous cherchiez. Cette prise de conscience graduelle de votre véritable état, où il vous a semblé faire un pas en arrière, vous a en fait permis de faire un pas en avant, de gravir un échelon. Si vous avez l'impression de reculer, c'est parce que vous étiez persuadé, à votre insu, que quelqu'un vous donnerait un jour ce que vous n'avez pas su vous donner vous-même, soit votre véritable indépendance. N'attendez plus, et n'ayez plus peur.

Laissez-moi vous révéler un aspect miraculeux de vous-même qui s'exprime seulement si vous acceptez votre réalité et celle des autres. Vous êtes sur le point de découvrir ce dont peu d'hommes et de femmes prennent jamais conscience : votre aptitude secrète à l'indépendance. Cette force intérieure faite de sagesse et d'authenticité attend patiemment que vous remplissiez les conditions qui lui permettront d'entrer dans votre vie.

Le récit qui suit, à propos d'un aiglon novice, illustre le fonctionnement de ces merveilleuses lois. Le dénouement inattendu est riche d'enseignements. Puisse-t-il vous révéler sur vous-même des vérités merveilleuses et insoupçonnées. Ensuite, encouragé par les données rassemblées dans ce chapitre, fixez-vous pour but de toujours atteindre votre propre dénouement inattendu et heureux.

Envolez-vous au-delà de vous-même

Ce n'était pas la première fois que l'aiglon se dressait sur le bord rugueux de son nid. Il ne savait pas très bien pourquoi il aimait que le vent caresse sa tête, mais quand il admirait ainsi les falaises rocheuses au-dessous de lui, les forêts et les ruisseaux, un plaisir indescriptible se répandait dans tout son corps. Il aimait son nid ; il s'y sentait roi de l'univers à ses pieds. La vie était belle. Chaque jour, ses parents lui apportaient de la nourriture et nettoyaient son nid. Il se disait depuis toujours qu'il avait beaucoup de chance de vivre de cette façon.

Mais aujourd'hui, tout était différent. Assurément, quelque chose clochait. Il le sentait confusément, et il en était inquiet. Ce n'était pas uniquement qu'il était seul. En fait, il était seul depuis quelques jours déjà. Bien entendu, il avait faim, et il s'ennuyait un peu, mais sa grande préoccupation du moment, c'était cette chose encore jamais vue qui rampait en direction de son nid sur l'escarpement rocheux. Il devinait que cette créature à quatre pattes ne lui montrait pas les dents par amitié. Voulant repousser l'intruse, il cria du mieux qu'il put. En vain. Son cri ne réussit qu'à exciter son prédateur. L'animal n'était plus qu'à quelques pas.

D'un bond, l'aiglon battit en retraite de l'autre côté de son nid, dans l'espoir de placer une bonne distance entre lui et son agresseur. Ce n'était pas une mauvaise idée, sauf que devant lui, à un mètre à peine, sur un autre escarpement, il vit un deuxième fauve en tous points semblable au premier, qui lui aussi le traquait ! Il n'avait plus tellement le choix. L'aiglon se réfugia au beau milieu du nid. Des questions l'assaillaient. Où étaient papa et maman ? Pourquoi cela arrivait-il ? Qui ou quoi pouvait le sauver ?

La situation était désespérée. Il se tourna vers l'immensité ouverte devant lui. Il n'y avait rien d'autre à faire. Mieux valait un saut dans l'inconnu que ces monstres, à quelques centimètres à peine. « Je ne croyais pas connaître une telle fin », songea-t-il. Puis, son petit cœur battant à tout rompre, il ferma les yeux et se précipita dans le vide. Il n'y avait pas d'autre solution.

Jamais il n'aurait pu imaginer ce qui se produisit ensuite. Au moment où il vit le sol rocheux se précipiter vers lui, une voix intérieure lui donna un ordre, et aussitôt l'aiglon déploya ses ailes pour se protéger. Mais au lieu de se fracasser sur les rochers, il s'appuya sur le vent. Et il s'envola très loin, bien loin au-delà de la peur de mourir. Il venait de trouver ses ailes. Il ne serait plus jamais seul, il n'aurait plus jamais peur. Le ciel était son domaine.

Méditez sur ce point important : vous aussi, vous avez des ailes, dans ce lieu secret et particulier de vous-même dont vous ne connaissez pas encore l'existence. Si vous obéissez aux directives défaitistes du faux moi, vous croyez que le seul moyen d'accéder à l'indépendance, à la sécurité, c'est de s'y faire conduire par quelqu'un d'autre. Personne ne saurait faire pour vous ce que vous devez faire pour vous-même. Ce ne fut jamais le cas. Dès qu'une personne s'efforce de voler pour deux, elle s'écrase. Cessez de vouloir trouver chez les autres ce que vous espérez d'eux, et ne voyez en eux que ce que vous devez y voir. Dès que vous verrez clairement les choses, vous sauterez du nid et vous prendrez votre envol. Votre vraie nature est déjà autonome ; elle vole librement. Lâchez prise.

Quelques conseils qui vous aideront à vous prendre en main

1

Avant de vous tourner vers une autre personne, demandez-vous honnêtement si elle s'est jamais vraiment aidée elle-même. Fiez-vous à ses ailes, non pas à ses paroles.

2

Quand vous aurez enfin compris que personne ne se connaît vraiment, vous cesserez de demander aux autres qui vous êtes.

3

L'approbation ou la désapprobation d'un groupe ou d'un individu, quels qu'ils soient, ne changent rien à la qualité de votre vie.

4

Les gens veulent toujours que vous vous conformiez à leur attente pour leur faire plaisir. Soyez vous-même, et faites-vous plaisir.

5

Pourquoi rechercheriez-vous l'approbation de ceux qui ne s'approuvent pas eux-mêmes ?

6

Quand vous savez où vous allez, vous ne vous inquiétez pas de savoir où vont les autres.

7

Si vous refusez de sauter dans le vide, vous ne saurez jamais voler.

8

Dans le quotidien, si vous ne remarquez pas les faiblesses de l'autre personne, elle remarque sans doute les vôtres.

9

Si quatre-vingt-dix-neuf personnes vous approuvent et que la centième vous regarde de travers, votre journée est gâchée.

10

Si vous aspirez au sommet, que vous importe ce qui se passe dans la vallée ?

Renoncez à ces épuisantes revendications

Si un homme armé vous aborde et exige que vous lui donniez votre argent, vous le lui donnez. Vous ne posez pas de questions et vous ne discutez pas. Vous vous résignez à obéir à son ordre cruel, car il n'y a pas d'autre solution raisonnable. En termes clairs, votre peur de mourir étant plus forte que votre amour de l'argent, elle vous incite fortement à lui obéir.

Je parle d'exigences, car dès qu'une personne *revendique* quelque chose, il doit forcément s'en trouver une autre pour répondre à cette exigence, pour se voir forcée de coopérer. Cela doit être compris si nous voulons apprendre comment réagir aux revendications du monde qui nous entoure. Personne n'*exigerait* ce qui lui serait donné volontiers. C'est l'évidence même. Par exemple, on ne saurait *exiger* que quelqu'un nous aime. L'amour nous est librement offert, sinon ce n'est pas de l'amour. Dès que vous vivez une relation dans laquelle on vous soumet à des exigences, quelles qu'elles soient, vous participez à un jeu cruel, car si vous refusez, vous en payez les conséquences.

Dans le scénario de tout à l'heure, notre refus d'obéir aux ordres du malfaiteur entraînerait des conséquences évidentes. Mais examinons maintenant les innombrables revendications qui, chaque jour, nous privent non seulement de notre argent, mais aussi de notre sens de l'humour et de notre joie de vivre, ces insidieuses exigences qui nous dérobent notre sérénité. Mettons au jour quelques-unes de ces épuisantes revendications.

Liste numéro un

Le monde qui nous entoure exige que:

1. Nous accordions notre appui à des groupes de pression.
2. Nous obéissions aux conventions sociales.
3. Nous excusions l'impolitesse.
4. Nous nous inquiétions de ce qui se passe dans le monde.
5. Nous gratifiions nos semblables d'un sourire approbateur.
6. Nous soyons d'une indéfectible loyauté envers les membres de notre famille.

7. Nous imaginions que la vie est une course et que nous devons la gagner.
8. Nous fassions les compromis nécessaires pour être vainqueurs.
9. Nous nous mêlions de la vie des autres.
10. Nous respections les fainéants.

Cette courte liste de revendications ne mentionne qu'une infime portion des nombreux assauts que nous subissons jour après jour. En réalité, ces revendications courantes ne sont rien si on les compare à ce que nous exigeons de nous-mêmes. Lisez la liste qui suit.

Liste numéro deux

Pour nous-mêmes, nous voulons :

1. Avoir le contrôle total de ce qui nous entoure.
2. Être une inspiration pour nos semblables.
3. Être impitoyablement honnêtes envers les autres.
4. Être infatigables dans notre quête de réussite.
5. Être infaillibles aux yeux des autres.
6. Être une source de courage pour les moins fortunés.
7. Être riches, célèbres et éternellement minces.
8. Être sages et infaillibles en tout.
9. Être un personnage important.
10. Tout représenter pour les autres.

Bizarrement, ces exigences personnelles sont précisément ce qui engendre les épuisantes revendications du monde qui nous entoure. Encore une fois, le dedans détermine le dehors. À titre d'exercice spirituel, établissez des correspondances entre, par exemple, le numéro 9 de la première liste et le numéro 10 de la seconde liste. Celles-là sautent aux yeux.

D'autres sont plus subtiles. Établissez des parallèles de votre cru entre les deux listes, ou mieux, dressez vos listes personnelles. À mesure que les rapports entre ces deux mondes en apparence distincts vous apparaîtront clairement, vous comprendrez qu'il n'y a qu'une seule façon d'obéir à *toutes* leurs exigences.

La liberté de réagir comme vous l'entendez

— Si je vous comprends bien, vous dites que, jusqu'à présent, mon arme était tournée contre moi. Qui voudrait jamais faire une chose pareille ?

— Personne ne veut être victime d'un malfaiteur. Les crimes du dedans et ceux du dehors prennent tous naissance dans le secret des ténèbres avant de s'exposer au grand jour. Nous nous infligeons inconsciemment ces exigences parce que nous voulons nous grandir.

— Quel mal y a-t-il à vouloir évoluer ?

— Aucun. Mais s'efforcer de correspondre à une meilleure image de soi *ne fait pas* de nous une personne meilleure ; cela nous rend amer envers tout être ou toute circonstance qui menace l'idée que nous avons de nous.

— Que voulez-vous dire ?

— Par exemple, à chaque fois que vous éprouvez du ressentiment parce qu'on n'apprécie pas votre générosité, vous devenez amer. Cela montre que vous ne vouliez pas vraiment vous montrer généreux. Vous vous sentiez *obligé* d'agir avec générosité, dans le seul but de correspondre à l'idée de bonté et de bienveillance que vous aviez de vous-même.

— Vous avez sans doute raison. Mais d'où nous viennent ces autoportraits que nous traçons ? Comment pouvons-nous effacer la toile pour ne plus avoir à souffrir de ces portraits destructeurs ?

— Vous estompez ces autoportraits destructeurs et exigeants en apprenant à percer leur véritable nature, ce qui signifie aussi comprendre comment ils arrivent à se former dans notre esprit.

— Sommes-nous vraiment capables de percevoir tout cela en nous-mêmes ?

— Bien sûr. Une des principales raisons qui nous font tracer des autoportraits aussi flatteurs est que nous craignons que le mal ne se tapisse quelque part en nous. Il peut s'agir d'une vieille rancœur envers une autre personne, ou d'un désir égoïste, ou d'une colère qui ne s'apaise pas. Parce que nous craignons ce côté noir de notre personnalité, nous sommes portés à créer son contraire, un champion de notre invention ou un héros invulnérable aux imperfections qu'il est destiné à surmonter. L'ennui est que le seul pouvoir de ce héros est son aptitude à nous rendre malheureux de constater nos faiblesses.

— Je comprends exactement ce que vous voulez dire. Mais que pouvons-nous faire ? Nous ne pouvons pas laisser notre côté noir prendre le dessus !

— Laissez la connaissance livrer ce combat à votre place. Elle seule peut en sortir victorieuse. Laissez-la vous *montrer* — même si vous croyez qu'elle veut faire le contraire — que ce côté noir qui vous demeure invisible mais dont vous ressentez la présence est tout autant un autoportrait que le portrait flatteur et contraire du héros. En fait, tous ces autoportraits s'engendrent les uns les autres. C'est pour cette raison que leurs revendications semblent tout aussi inépuisables qu'eux. Mais il y a une fin. Quand vous comprendrez que la personne que vous êtes réellement ne correspond à *aucun* autoportrait, bon ou mauvais, que vous aurez tracé, vous serez délivré du besoin inconscient et compulsif de vous montrer à la hauteur de ce portrait. Vous serez libre de réagir au monde qui vous entoure et à tous ceux qui l'habitent comme vous l'entendez.

— Croyez-moi, j'aimerais posséder ce courage, mais ne devons-nous pas céder de temps à autre ? Je ne veux pas courir le risque de perdre quelque chose en étant trop inflexible.

— Tout ce que vous risquez de perdre, si vous embrassez cette nouvelle connaissance de soi, c'est la sensation qu'une arme est pointée dans votre direction. N'oubliez pas cet enseignement. Vous éprouvez *toujours* du ressentiment pour ce que votre subconscient vous force à faire. Cela inclut faire semblant d'apprécier les personnes qui vous apprécient uniquement à la condition que vous acceptiez d'être le genre de personne qu'elles peuvent apprécier.

— Je voudrais me libérer *immédiatement*. Par quoi commencer ?

— Commencez par vous dire que vous n'êtes pas venu sur terre pour correspondre aux attentes de qui que ce soit, *y compris les vôtres*. Vous pouvez *être* beaucoup plus qu'une personne qui se contente de *faire*. Votre vrai moi sait qu'il y a en réalité une seule exigence suprême: *rien ne vous oblige à obéir à ce qui vous fait souffrir ou à ce qui exige de vous le sacrifice de votre intégrité*.

Traversez la vie avec légèreté

Mis en face d'un concept rédempteur ou d'une vérité salvatrice, on est presque toujours surpris d'être resté si longtemps sans en admettre l'évidence. Vous comprenez? Entrevoir une vérité éternelle ressemble plus que tout à ce que l'on éprouve quand, au détour d'une rue, nous apparaît soudain une chose dont nous pressentions l'existence il y a très longtemps, ou encore au sentiment qu'anime en nous la redécouverte d'un lieu que nous avons naguère beaucoup aimé.

Inexplicablement, ces instants de bonheur qui nous tombent du ciel sont tout ensemble un souvenir et une porte ouverte sur quelque chose de nouveau et de fascinant. C'est à dessein que notre vie est remplie de ces moments magiques. Car se contenter de moins est un compromis inconscient de notre esprit. Voilà pourquoi nos vrais accomplissements sont une forme d'éveil; ils ne sont pas une escale temporaire, si fascinante soit-elle. Puisse le récit suivant remuer en vous un souvenir que votre vrai moi n'a jamais oublié.

Il avait l'impression de marcher depuis très longtemps. Mais ses mains étaient plus fatiguées encore que ses pieds. Elles paraissaient faire corps avec son lourd bagage.

— Ce n'est pas mieux, songea-t-il, en transférant un peu du poids d'une main à l'autre. Il aurait aimé poser toutes ses valises par terre, mais il n'en avait pas le temps.

Ça lui était difficile de croire qu'à peine quelques heures auparavant il avait fait la rencontre d'un homme fort aimable, qui vendait des sacs de voyage au bord de la route. Le marchand lui avait promis que l'acquisition d'une de ses valises allégerait sa charge. Mais tandis qu'il allait péniblement son chemin, il songeait à des tas d'autres mots pour décrire l'effet de cet achat. Le verbe « alléger » n'en faisait pas partie. Du reste, ce n'était pas la première valise qu'il achetait ainsi au bord de la route, bien au contraire.

En baissant les yeux sur ses bras et ses mains engourdis de fatigue, il lui revint qu'avec chaque sac, on lui avait vendu une garantie. Une valise était pleine de projets d'avenir ; un sac renfermait la clé du succès ; un autre recelait une trousse de réparation du passé ; enfin, le plus grand sac de tous avait pour tâche de garder l'ensemble de son bagage en lieu sûr. En réalité, l'homme possédait des valises pour tout ce qu'on peut imaginer.

Il était si absorbé dans le compte et le décompte de ses bagages et l'appréciation de leur contenu qu'il ne vit pas l'étranger tranquillement assis à l'ombre d'un arbre en bordure de la route. En fait, c'est la voix de l'étranger qui lui fit lever la tête. L'homme souriait.

— Vous êtes bien lourdement chargé. Pourquoi ne pas vous reposer un moment ?

L'invitation le surprit un peu, mais il trouva que c'était une bonne idée.

— Merci, dit-il. Je veux bien.

Il déposa ses sacs de voyage par terre, l'un à côté de l'autre, par ordre de grandeur. Il y eut un moment au cours duquel aucun des deux hommes ne parla, mais le silence n'était pas désagréable. L'herbe était douce, et juste assez humide pour le rafraîchir. Il constata cependant avec étonnement que l'étranger ne portait aucune valise. Pas le moindre petit sac. À sa connaissance, c'était une première. Tous les hommes et toutes les femmes qu'il avait rencontrés sur son chemin trimballaient au moins un sac de voyage. Comment cet étranger pouvait-il donc survivre ? Quelle sorte d'homme était-ce ? Comment affrontait-il les dangers du voyage ? Des tas de questions se bousculaient en silence dans sa tête, mais il craignait d'être impoli en les posant. De sorte qu'il n'en crut pas ses oreilles quand les mots sortirent apparemment tout seuls de sa bouche.

— Vous n'avez pas de bagage.

L'étranger lui sourit.

— En effet, je n'en ai pas.

L'homme attendit une explication, mais elle ne vint pas. Le silence, à la fin, lui parut trop lourd.

— Pourquoi pas ? demanda-t-il.

L'étranger s'était souvent fait poser cette question par les autres voyageurs croisés sur son chemin. Il savait d'expérience qu'on ne tenait pas à connaître sa réponse quand on lui demandait pourquoi il voyageait sans bagages. Non. La plupart du temps, il s'agissait d'une curiosité feinte. En le questionnant, on espérait plutôt faire valoir son propre point de vue. Mais l'étranger sentait confusément que l'homme fatigué assis à ses côtés était différent des autres. Il décida donc de lui dire la vérité.

— Un jour, il y a très longtemps, alors que je me reposais à l'ombre comme aujourd'hui, j'entendis une voix familière s'adresser à moi. Elle m'avait déjà parlé au moins mille fois, je le savais, mais c'était la première fois que je l'entendais vraiment.

Le regard de l'étranger se perdit dans le lointain, mais il poursuivit :

— C'était étrange, la voix répétait sans cesse : « Je suis si fatigué. Devons-nous marcher encore longtemps ? » C'est tout ce qu'elle disait, « Je suis si fatigué » et « C'est encore loin ? »

— Qui vous accompagnait ? demanda le voyageur.

— Personne, répondit l'étranger. Et il se tourna vers lui en lui adressant un sourire entendu. « J'étais seul. J'ignore pourquoi je m'en suis aperçu à ce moment précis, mais c'est alors que c'est arrivé : j'ai constaté que depuis des années et des années je n'arrêtais pas de me dire à quel point j'étais fatigué. »

Le voyageur reçut un choc en entendant cette explication. Il aurait voulu prendre en pitié le pauvre étranger qui voyageait les mains vides, et en même temps il avait envie de l'entendre parler davantage. L'étranger interpréta son silence comme une invitation à poursuivre.

— Au début, je voulus repousser cette prise de conscience en songeant à un sac de voyage que je convoitais depuis longtemps. Mais j'étais déjà fatigué même de ces désirs. Ne sachant trop quoi faire, je demeurai assis. J'ignore combien de temps je restai là. Et puis, ça m'est venu.

L'étranger sourit encore, et le voyageur eut l'impression que quelque chose échappait à sa compréhension. Si c'était le cas, l'étranger ne se tut pas assez longtemps pour s'en enquérir.

— Ce n'était pas tant que je n'avais pas envie d'aller quelque part. Plutôt, je me rendais compte que pendant toutes ces années passées sur les grands chemins, je ne savais pas où j'allais. Mais c'est ce jour-là que je m'en aperçus, car au cours de mes longues errances, j'en étais venu à croire que le repos était mon véritable but.

— Mais pourquoi cherchiez-vous le repos ? Enfin, qu'est-ce qui vous fatiguait ?

— Voilà ce qui est étrange, répondit l'étranger, en riant sous cape comme s'il venait d'entendre une bonne plaisanterie. « Je voulais me reposer de tous ces bagages que je transportais, tous ces sacs qui devaient rendre mon voyage agréable. »

Ils rirent tous deux de bon cœur comme deux vieux copains qu'amuse la même plaisanterie. Leur complicité nouvelle n'avait pas décru quand le voyageur demanda à l'étranger :

— Et où sont-ils maintenant ?

— Tout est là, dit l'étranger qui souriait toujours. Ne le voyez-vous pas ? Si je ne savais pas où j'allais, comment aurais-je pu savoir quels bagages m'étaient indispensables ?

Ses yeux attendaient une réponse.

— En effet, dit le voyageur sans réfléchir.

— Or, à quoi bon m'encombrer de tous ces sacs ? Comme je n'arrivais pas à trouver de réponse valable, j'abandonnai tout mon bagage là où je m'étais assis.

— Et qu'arriva-t-il ensuite ? Où êtes-vous allés ? Votre vie a-t-elle changé ?

Le regard de l'étranger mit fin à son flot de questions.

— Avec le temps j'ai fini par comprendre que ma *vie* n'avait pas changé. Ce qui avait changé c'était le *regard* que je posais sur elle. Débarrassé du poids de mes sacs, il me parut agréable d'y *être* et non plus pénible de la *traverser*.

Le voyageur décelait la vérité cachée dans ces paroles, et il voulut en savoir davantage.

— Agréable d'y être ?

— Oui. L'étranger se leva et épousseta les feuilles qui adhéraient à son pantalon. J'ai découvert d'une part que j'étais toujours là où je voulais être si je cessais de regretter de ne pas être là où je croyais devoir me trouver.

Il regarda franchement le voyageur.

— *En vérité, on n'est pas obligé de devenir la personne que l'on croit devoir être. Donc, on n'est pas obligé de transporter tout ce qui, d'après nous, contribuera à faire de nous cette personne.*

Sur ce, l'étranger ajouta: « Au revoir », et il s'éloigna.

Le voyageur bondit sur ses pieds.

— Où allez-vous ?

L'étranger ne répondit pas, mais c'était sans impolitesse.

Le voyageur baissa les yeux sur les lourdes valises alignées au bord de la route, puis il les releva sur l'étranger au pas léger qui s'éloignait sur le chemin. Une seconde plus tard, sa décision était prise.

— Attendez-moi !

Songez à tout le bagage que vous vous croyez obligé de transporter pour que votre vie corresponde à vos *attentes*. Pesez tous les faits que vous avez acquis. Imaginez ensuite comme il serait bon de laisser derrière vous tous vos sacs.

Le secret d'une vie légère

Les énoncés ci-dessous vous aideront à faire vôtre la légèreté qui provient de l'abandon de soi. Souvenez-vous que si nous observons nos problèmes, ils nous en fournissent la solution secrète. Perception intérieure égale connaissance. Connaissance égale légèreté de vie.

1. La vraie vie doit naître au-dedans; elle ne doit pas être commandée du dehors.
2. Seul le mal doit se comparer à lui-même pour savoir s'il est bien.
3. Rien ne vous empêche de vivre une relation que vous ne comprenez pas, mais ce sera toujours à ses conditions.
4. Pour mieux prendre votre envol, ouvrez les yeux.

5. Cessez de vouloir être aimable et osez vous réveiller. Aider une autre personne à démystifier la supercherie du malheur est l'acte le plus généreux que vous puissiez faire.
6. Tant que vous vous comporterez comme si votre vie dépendait de quelque chose de temporel, elle en dépendra.
7. Votre courage secret sait que votre faiblesse secrète n'est pas du tout la vôtre.
8. La fausse vie est épuisante ; la vraie vie est inépuisable.
9. La confiance que vous mettez en quelque chose d'extérieur à vous est aussi le fondement de votre manque de confiance en vous.
10. Si vous permettez aux autres de vous dire où vous devez aller, vous dépendez aussi d'eux pour savoir ce dont vous avez besoin pour vous rendre à destination.

Chapitre neuf

Entrez en contact avec votre moi secret

Renoncer à la personne que vous croyez être et entrer en contact avec votre moi secret sont une seule et même chose. Mais qu'est-ce que le moi secret ? Nous ne devons pas considérer cette partie invisible de nous-même comme un mystère. Ça ne l'est pas. En fait, notre nature sacrée ne demande qu'à se révéler à nous et à montrer, à ceux d'entre nous qui ont des yeux pour voir, les paradis secrets qu'elle renferme. Voilà sur quoi débouchent les huit chapitres de notre examen de conscience : à nous faire entrer en contact avec notre moi secret.

Quand nous apprenons à faire taire notre incessant bavardage mental, nous nous préparons à accueillir le moi secret. Et quand, enfin, il nous semble préférable de l'entendre arriver que d'écouter nos monologues intérieurs, notre moi souverain fait son entrée. Dès cet instant, rien n'est plus pareil. Tout est nouveau. Le philosophe grec de l'ancienne cité d'Éphèse, Héraclite, qui renonça au trône de la ville pour accéder à l'autonomie supérieure, avait compris combien il est important de renoncer aux désirs du monde pour la promesse des faveurs célestes :

« Qui ne s'attend pas à l'inattendu ne le trouvera pas ; car il n'est le fruit ni d'une quête ni d'une poursuite. »

Qu'apprendrions-nous de ce contact avec cet « inattendu » enflammé et secret ? Que sait notre moi supérieur, que nous ignorons ? Les chercheurs du moi secret, ces hommes et ces femmes sages et éclairés qui ont conservé vivante à travers les âges la flamme de la bonté, nous ont transmis le récit de leurs découvertes. Ces comptes rendus royaux ont pour but de nous donner du courage et de nous renforcer dans notre quête de révélation de soi. Un bref aperçu de ces enseignements montre bien que, non seulement le moi secret connaît notre souffrance présente, il s'efforce aussi de nous rejoindre et de nous apprendre que la douleur est inutile.

1. *Le moi secret connaît notre folle sagesse* ; il nous invite à dépasser les limites de notre réflexion présente pour pénétrer sa connaissance :
   « Bienheureux celui qui trouve la sagesse, bienheureux celui qui comprend… L'intelligence est plus précieuse que les rubis : aucun de nos désirs ne saurait lui être comparé. » (Ancien Testament)
2. Le moi secret sait quelle peur cachent nos espoirs, et il nous promet que le véritable courage viendra à ceux qui partent à sa recherche.
   « Celui qui a trouvé le bonheur de l'Éternité n'a rien à craindre ici-bas. » (Upanishads)
3. Le moi secret sait quelle part de frustration cachent nos attentes, et sa sagesse nous dit d'accepter le soulagement et la libération que procure le fait de désirer la même chose que lui.
   « Abandonnez-vous aux événements, ne vous préoccupez pas de ce qui se transforme, et vous pénétrerez le Pur, le Divin, l'Unique. » (Tao)
4. Le moi secret connaît l'angoisse de nos relations et nous assure que le fait de renoncer à ce que nous croyons nécessaire à notre bonheur équivaut à renoncer à notre malheur.
   « Si nous délivrons notre âme de notre moi mesquin, si nous ne souhaitons de mal à personne et que nous devenons purs et transparents comme le diamant qui reflète la lumière de Vérité, quel rayonnement éclatera en nous, reflétant la vie telle qu'elle est, dé-

pourvue d'ardents désirs, jamais gauchie par l'illusion, jamais agitée par l'inquiétude et l'attachement. » (Bouddhisme)

5. Le moi secret connaît le vide de notre cœur et il décrète que si nous le plaçons au-dessus de tout, il nous élèvera bien au-dessus de notre propre vide.
   « Je vous donnerai un cœur neuf, et un esprit nouveau soufflera en vous. » (Nouveau Testament)

Vous pouvez atteindre tout ce que vous êtes disposés à recevoir

Pour la plupart, les hommes et les femmes qui s'efforcent de lâcher prise commettent la même erreur. Ils tirent leurs propres conclusions. C'est tragique. La vérité veut dans la mesure du possible nous enseigner que les limites de notre vie spirituelle actuelle ne sont pas celles des possibilités que la vie nous offre. Ce livre veut nous faire comprendre que la personne que nous pourrions devenir se métamorphose en même temps que nous prenons conscience de la personne que nous ne pouvons plus continuer à être. Voilà le secret des secrets, le secret qui nous fait lâcher prise. Si ces concepts supérieurs requièrent de longues études et beaucoup d'explications, ceux qui savent écouter apprendront tout ce qui leur est nécessaire pour lâcher prise et pour grandir. Voici quelques questions qui reviennent souvent à la fin des ateliers, sur la façon de procéder pour lâcher prise et contacter notre moi supérieur secret.

Q. Le moi secret me semble tout à fait merveilleux, mais j'ai l'impression désagréable qu'il est hors de portée.

R. Bien sûr qu'il est hors de portée. C'est de cela qu'il s'agit. Mais *notre* portée n'est pas le but de notre quête. Si elle l'était, nous serions condamnés à tourner en rond sans fin dans le cercle vicieux de notre faux moi.

Q. Mais si nous ne pouvons pas atteindre notre moi secret, comment le contacter ?

R. Voilà où s'égarent des millions de personnes en quête de liberté. On ne contacte pas le moi secret. C'est impossible. L'être inférieur n'a aucun pouvoir et aucune autorité sur l'être supérieur. Le moi secret entre uniquement chez ceux qui lui ont ouvert la voie. Il ne vient que sur invitation.

Q. Ne pouvons-nous pas faire quelque chose pour nous préparer à le recevoir ?

R. Bien entendu. La meilleure façon d'inviter cette puissance cosmique dans votre vie est de vous montrer réceptif. Comme vous le verrez, apprendre à écouter *équivaut à* apprendre à inviter ce merveilleux renouveau de soi.

L'auteur Vernon Howard nous donne d'autres précieux aperçus de ce sujet fascinant dans son ouvrage intitulé *The Power of Your Supermind*.

> Pour un individu, être réceptif est la chose la plus importante. Sans la réceptivité, aucune transformation ne saurait se produire. Grâce à elle, tout vous devient possible.
>
> La rencontre de la vérité met en relief ce qu'un individu a de mieux ou de pire. Lorsque nous entendons la vérité, c'est le vrai moi ou le faux moi qui la reçoit. Si elle est reçue par le moi artificiel, elle sera rejetée, gauchie, ignorée, et n'aura aucun effet bénéfique. Mais si la personne est réceptive, la vérité sera reçue par son vrai moi, elle le comprendra et sera pour lui un soulagement.
>
> La réceptivité est affaire de degré. Nous devons devenir de plus en plus accueillants, lui permettant ainsi de nous venir en aide de plus en plus. La réceptivité engendre la réceptivité, car à chaque expérience vécue, nous constatons que cette vérité que nous craignions et que nous rejetions, et le bonheur auquel nous aspirons sont une seule et même chose[1].

Partout et toujours, quand j'anime des ateliers de formation, j'insiste sur l'importance de l'écoute. Dans quelques instants, je vous demanderai

1. Vernon Howard, *The Power of Your Supermind*, Prentice Hall, 1967.

de déposer votre livre et de vous mettre à l'écoute. Lorsque vous le ferez, faites-le d'une toute nouvelle façon. Je veux que vous soyez à l'écoute de *tout votre être* avec *tout votre être*. Écoutez comme si chaque parcelle de votre esprit et de votre corps s'efforçait d'entendre quelque chose. Ne vous inquiétez pas de deviner ce que vous essayez d'entendre, ni même de savoir d'où cela peut provenir. Vous gâcheriez tout. Contentez-vous d'être aussi ouvert et aussi attentif que possible. Attendez-vous à l'inattendu.

Voici une suggestion qui peut vous aider à comprendre cet exercice. Vous est-il déjà arrivé, la nuit, alors que vous étiez au lit tout seul, d'entendre soudainement un bruit inexplicable ? Aussitôt, chaque fibre de votre être se tendait : vous étiez à l'écoute ! Allez-y, maintenant, exercez-vous à cette nouvelle forme d'écoute pendant une minute ou deux, et nous reviendrons ensuite à notre lecture.

Quand nous nous mettons vraiment à l'écoute, il se peut que nous ressentions un vague inconfort. Ne repoussez pas cette sensation. Lui être réceptif est indispensable. Cette sensation comporte un message d'importance. Une anecdote tirée de mon passé vous aidera à mieux comprendre la nature de ce que nous découvrons lorsque nous nous mettons vraiment à l'écoute de nous-même.

Le chant du moi secret

Il y a quelques années, un jour que je travaillais dans le jardin, je m'étais muni, pour passer le temps, d'un petit poste de radio portatif. J'avais déjà composé de la musique, et j'appréciais les lignes mélodiques des chansons populaires. C'était une belle journée ensoleillée, où se fondait sans peine la musique déversée par la radio.

Au bout d'un certain temps, j'éprouvai une sensation bizarre. Quelque chose m'agaçait. Mais j'étais absorbé par mon travail, et il y avait encore tant à faire que je chassai cet inconfort de mon esprit sans même m'en rendre compte. Peu de temps après, je commençai à me sentir anxieux, nerveux. Pourquoi ? Je ne voulais pas que cette irritation vienne interrompre mon travail, et je me remis à l'ouvrage avec encore plus d'ardeur. Quelques minutes plus tard, il m'était devenu impossible de le nier. Je devais m'arrêter et assumer cette sensation inexplicable.

Je me redressai et, reprenant conscience de ce qui m'entourait, je me mis à l'écoute sans effort. À ma surprise, l'agacement inexplicable que j'avais ressenti trouva aussitôt son explication. Tout était clair.

Je n'étais pas en conflit avec moi-même. J'étais en conflit avec le poste de radio ! Absorbé comme je l'étais dans mon travail, je ne m'étais pas rendu compte que la transmission s'était brouillée : là où auparavant un seul poste avait été perceptible, deux ou trois stations confondaient maintenant leur signal. Depuis quelque temps, la « musique » que j'écoutais distraitement était en réalité un malheureux mélange de musiques disparates ponctué de bulletins d'information. L'enseignement caché, mais profond, de cette histoire est clair : si nous *n'écoutons pas*, nous entendons quelque chose, mais nous ne sommes pas conscients du message que nous *captons*.

Comme en témoigne le récit ci-dessus, ce type d'inconscience peut entraîner, dans notre vie de chaque jour, d'inutiles désagréments. Par exemple, quand nous *pensons* que quelqu'un pense du mal de nous. Nous nous plaçons alors sur la défensive envers cette personne, provoquant ainsi l'isolement que nous avions craint. Si, au contraire, nous savions que nous avons à la fois transmis et « capté » ce message négatif, si nous l'avions « entendu », nous n'y aurions pas attaché d'importance et nous ne l'aurions pas laissé influencer négativement notre vie. On voit donc que, en bien ou en mal, notre vie est souvent façonnée par les messages que nous captons. Cette perception nouvelle a des conséquences qui vont bien au-delà du quotidien, qui se rendent jusqu'aux étoiles.

Le moi secret, le fondement de toute bonté humaine, transmet sans cesse sa force cosmique et sa sagesse silencieuse. Nous ne devons pas tant chercher à atteindre cette nature divine que la laisser nous atteindre en captant son influence rédemptrice. Comprenez-vous ? Car comprendre nous place à un point charnière dans notre volonté d'entrer en contact avec le moi secret.

Avant d'être en mesure de recevoir les bienfaits spirituels du moi secret, nous devons retirer les obstacles qui l'ont jusqu'ici empêché d'entrer. La première étape de la réceptivité consiste donc à admettre que nous *ne sommes pas* réceptifs. En d'autres termes, la réceptivité supérieure exige que nous sachions reconnaître les influences néfastes que nous avons laissées pénétrer dans notre esprit et notre cœur.

Je devrais mentionner que pour un bon nombre d'étudiants, cet examen de conscience est un obstacle insurmontable. Il est en effet difficile de comprendre la contradiction apparente dans le malaise évident qui naît d'une conscience de soi et d'une écoute de soi supérieures. Car après tout, comme le veut ce raisonnement erroné, si nous accomplissons ce travail supérieur, ne devrions-nous pas éprouver les sensations supérieures qui l'accompagnent ? La vérité vous répondra oui et non, car l'explication en est à la fois très simple et très profonde. Lorsque nous sommes vraiment réceptifs, nous pouvons « entendre » les dissonances mêmes de notre psychisme. Plus nous pouvons les « entendre », plus nous guérissons, car à chaque fois que nous détectons une note intérieure discordante, elle prend fin. Voici comment.

L'harmonie véritable existe. Nous en sommes tous certains au fond de nous, même si la vie s'efforce de nous prouver le contraire. L'harmonie céleste, le chant du moi secret, est ce qui permet à un chef d'orchestre de détecter la moindre fausse note émise parmi les nombreux instruments de l'orchestre. De même, le moi secret peut « entendre » nos discordances intérieures les plus subtiles. Mais sa conscience de ces sonorités négatives *n'est pas, en soi, négative*. Cette conscience supérieure est séparée de l'état négatif, sans quoi elle serait incapable de le percevoir. Bref, l'aptitude du chef d'orchestre à détecter les fausses notes du dehors est due à son parfait diapason intérieur.

Vous aussi pouvez faire appel à une noble ressource intérieure qui sait parfaitement déceler ce qui doit ou ne doit pas résonner en vous. À compter de maintenant, mettez-vous chaque jour un peu plus à l'écoute de vous-même. Ne vous préoccupez pas des pensées étranges, de la tension ou de la tristesse que vous éprouverez. Contentez-vous d'être réceptif. Ne vous inquiétez pas de ce que vous « entendez ». Votre faux moi voudra que vous fassiez de ces fausses notes une triste mélodie. Demeurez silencieux. Laissez les pensées et les sentiments négatifs exactement là où ils se trouvent, c'est-à-dire *dans votre certitude qu'ils sont hors de propos*. C'est là tout ce que vous avez à faire. La conscience de leur discordance provient de votre moi secret. Il *sait* déjà ce que vous commencez à pressentir. Il sait que la moindre fausse note n'a pas sa place en vous.

Le royaume du moi secret

Il était une fois, il y a très longtemps, le bon vieux roi d'un pays lointain. Un jour, il jugea le moment venu pour lui d'enseigner à son fils l'importance des vertus souveraines chez un vrai roi. Il savait d'instinct que peu de temps s'écoulerait encore avant que le prince ne soit couronné roi. Ainsi, comme l'avait fait autrefois son père, il fit en sorte de parvenir à ses fins. Il lui paraissait important de léguer à son héritier bien plus que sa fortune et son titre, car si ces privilèges avaient leur importance, ils ne pouvaient remplacer le plus grand privilège de tous : le discernement d'un roi. Le sage souverain savait que s'il était capable de transmettre cet héritage à son fils, ce dernier dirigerait avec sagesse les destinées de son royaume.

Ainsi, le roi dit à ses conseillers de consulter les astrologues pour que ceux-ci choisissent le jour le plus favorable à la tenue d'un grand événement. Peu de temps après, un décret royal fut publié à travers le royaume. Chacun des bons et loyaux sujets du roi était invité à se rendre au palais dès la prochaine nouvelle lune dans le but d'offrir à son futur roi ses hommages et ses présents.

On veillait déjà aux préparatifs. On dressait les tréteaux. Mais même si le roi connaissait la pièce pour l'avoir jouée autrefois, quand son propre père avait assumé le rôle qui était maintenant devenu le sien, il savait qu'il n'en pouvait prévoir le dénouement. Dieu seul connaissait la fin de ce spectacle royal. Tout au plus pouvait-il espérer que son fils soit prêt à recevoir l'enseignement qu'il lui préparait avec tant de soin.

À l'approche du jour fatidique, le roi passa de plus en plus de temps à observer ce qui se passait dans la cour du château, que l'on transformait peu à peu en un magnifique théâtre de plein air. La cérémonie de remise des présents devait y avoir lieu dans trois jours, et le roi espérait en secret voir son fils commencer à se comporter selon ses attentes. Il ne fut pas déçu. Tout au long des derniers préparatifs, son fils allait et venait dans la cour du château, il circulait au beau milieu de la foule avec une sorte de nonchalance qui lui donnait l'air de flotter au-dessus de toute l'agitation.

Le roi savait qu'aux yeux de tous le jeune prince jouait à passer en revue les troupes du roi, comme il avait coutume de faire. Mais le souverain devinait ce qui occupait en réalité l'esprit de son fils : cela n'avait rien à voir avec la revue d'une garde imaginaire. Non. La seule et unique image qui occupait l'esprit du prince était la merveilleuse montagne de présents qu'on déposerait bientôt à ses pieds. Il comptait ses richesses futures, et son père le devinait aussi clairement qu'il sentait un sourire se dessiner sur son visage. Il se souvenait de son passé, il se remémorait comment lui aussi s'était rendu captif du même rêve merveilleux. Et comment, par la grâce du roi son père, il fut amené à s'ouvrir à une merveille plus grande encore que ce rêve entre tous les rêves. Il espérait pouvoir en faire autant pour son fils.

À l'aube de la fête, le ciel était serein et le soleil réchauffait la terre. Bientôt la foule se bousculait dans la cour du château. Après les cérémonials d'usage, le bon roi vint saluer son peuple, qui l'applaudit spontanément. Il les accueillit tous et les remercia de leur présence. Ce jour, leur dit-il, était un jour propice pour le royaume. Puis, ayant dit ce qu'il avait à dire, il demanda qu'on lui amène son fils. La remise des présents pouvait commencer.

Les trompettes sonnèrent au milieu des vivats tandis que l'on escortait le prince jusqu'au podium où il s'assit aux côtés du trône paternel. Aussitôt, un par un, les bons sujets du royaume défilèrent, on eût dit sur une longueur d'un kilomètre, et déposèrent leurs présents au pied du futur roi.

Le premier cadeau était un petit sac de fèves noires. On lui offrit ensuite des épis de maïs indien et quelques vilaines courges. L'héritier n'en croyait pas ses yeux. Il n'osait rien dire, mais il était persuadé que les ministres du royaume s'étaient concertés pour lui jouer une mauvaise plaisanterie. Pourtant, personne ne riait, tandis qu'un à un les sujets du roi continuaient à déposer leurs présents à ses pieds. Il y avait une flûte en bois, quelques poules maigrichonnes, et un petit arc d'enfant façonné dans une branche.

Ce devait être une erreur. Des gouttes de sueur apparurent sur son front, et il avait mal à force de vouloir garder le sourire. Où étaient les coffres de pièces d'or, les tapisseries en soie, les bourses remplies de pierres précieuses ? Rien de ce qui s'étalait à ses pieds ne ressemblait même de loin aux rêves qu'il avait eus.

Au bout de quelques minutes, la seule chose qui empêchait le jeune prince de se lever et de s'enfuir, outre la main de son père lourdement appuyée sur son épaule, c'était l'occasionnelle pièce d'argent qu'on lançait sur les autres cadeaux. Mais son éclat était vite noyé sous une montagne de pomme de terre, de navets et de légumes verts. Comme il détestait les navets et les légumes verts !

À mesure que défilaient les sujets bien intentionnés pour déposer de bon cœur au pied du prince leurs pauvres présents, le roi observait attentivement son fils. Il le devinait sur le point de perdre le contrôle de ses bonnes manières. Personne, tant sur le podium que dans la foule, ne comprenait l'importance des événements qui se déroulaient sous leurs yeux. Le roi seul connaissait la source du profond bouleversement de son fils, et lui seul en connaissait le remède.

Mais pour offrir à son fils un cadeau qui le marque à jamais, le roi devait en choisir le moment avec le plus grand soin.

Ce moment arriva enfin. Le roi sentait que le prince bondirait bientôt de sa chaise et s'enfuirait du podium. Pressant encore plus fermement une main sur l'épaule du prince, de l'autre il fit s'interrompre temporairement le défilé de ses sujets. Puis il se pencha et murmura quelque chose à l'oreille de son fils. Le silence fondit sur toute la cour.

Le prince saisit si clairement les mots que prononçait son père qu'il lui sembla entendre sa voix pour la première fois. Il ne put s'empêcher de lui être attentif.

— Mon fils, dit le roi, écoute-moi bien. Je veux que tu réfléchisses à ce que je vais te dire. Ensuite, si tu veux quitter la scène, je ne t'en empêcherai pas.

Le prince regarda son père dans les yeux et, sans rien dire, lui fit signe de poursuivre. S'il écoutait avec ses oreilles, c'est avec son cœur qu'il entendait.

— L'homme du commun se mesure aux biens matériels qu'il accumule, car l'homme du commun s'estime en fonction de ce que la vie lui offre ou lui retire par hasard. Ton sang est noble, mais tu as agi aujourd'hui tel un homme du commun.

Les paroles de son père l'atteignirent comme une lance; elles le touchèrent d'autant mieux qu'il savait qu'elles étaient vraies. Aussitôt, il se sentit inexplicablement impuissant. Bien sûr, son père avait dit la vérité, et il voulait se montrer digne, mais d'autre part, ne voyait-il pas là, à ses pieds, les tristes rebuts d'un rêve à jamais détruit?

Le prince ne savait pas très bien quoi faire. Et juste au moment où il comprit qu'il ne servait à rien de continuer cette comédie, et que personne ne pouvait deviner ce qu'il était en train de vivre, son père reprit la parole. Quand le roi eut fini de parler, le prince sut qu'une seule personne au monde n'avait pas saisi le sens de son existence, et qu'il était lui-même cette personne. Sans les propos de son père, il ne l'aurait sans doute jamais compris.

— Mon fils, un vrai roi ne se préoccupe jamais de ce que lui offrent ses sujets, bourses d'argent ou sacs de paille, car il sait *que le royaume tout entier lui appartient*. Regarde devant toi. Tout cela est à toi depuis toujours.

Le prince leva lentement la tête et regarda au-delà des gradins, au-delà de la foule. Au début, il plissait les paupières comme aveuglé par le soleil matinal. Mais bien vite ses yeux s'ouvrirent et se remplirent d'un éclat souverain. Puis, sous le regard du roi et celui de la foule, le prince se leva et ordonna comme il sied à un roi de le faire:

— Que la fête continue. Avancez!

Votre moi secret est votre être royal. Dans sa science souveraine, il sait sur vous des choses que vous ignorez encore. Laissez-le vous révéler son royaume secret. Il vous appartient. Vous en recevez une partie en cadeau à chaque fois que vous refusez de vous laisser prendre aux choses du commun et que vous optez pour les choses célestes. Le ciel étoilé est votre patrimoine. Regardez au-delà des oiseaux, vers le ciel où ils prennent leur envol.

Laissez la vie vous offrir ce qu'elle a à vous offrir. Recevez chaque offrande sans vous soucier de ce qu'elle révèle à votre sujet. La vie n'essaie pas de vous révéler quelque chose sur vous-même. La vie cherche à *se* révéler, à révéler son immensité et à vous faire prendre conscience des richesses infinies qui vous appartiennent *déjà*. Oui. C'est la vérité. Vous possédez déjà tout ce dont vous aurez jamais besoin, mais vous ne vous en rendez pas compte, car on vous a appris à tort à vous agripper à des détails. Libérez-vous de ces pensées, de ces sentiments qui veulent tant vous faire croire que la vie est une valise. Ne vous en souciez pas. Si vous laissez la vie passer à travers vous, vous serez conscient du fait qu'il n'y aucune différence entre elle et vous et votre découverte vous conduira au seuil d'un inappréciable trésor.

Vous commencez à voir, à comprendre que vous avez toujours appartenu à un moi conscient infini et sans cesse en transformation. Un moi sacré qui est *votre* trésor. Voici le royaume du moi secret. Lâchez prise. Entrez.

> *« Cette extase est sans raison — le fait d'avoir une raison d'être heureux n'est plus du bonheur ; le bonheur était là, la pensée était incapable de s'en saisir pour le transformer en souvenir — il arriva par vagues, chose vivante que rien ne pouvait contenir, et avec lui, sa bénédiction. Cela dépassait l'entendement et la volonté. »*
>
> J. KRISHNAMURTI

Des mesures nouvelles qui nous ouvrent la voie du bonheur

À l'occasion d'un récent atelier, Laura déclara qu'elle voulait passer le reste de sa vie à découvrir la vérité sur elle-même et sur son moi secret. Mais, poursuivit-elle, elle craignait d'avoir trop tardé à le faire. Elle craignait que dans sa situation présente, la perspective de lâcher prise soit mince. La question suivante gisait au fond de sa remarque : « Comment faire pour continuer à m'éloigner de moi-même quand tout ce qui compose mon univers actuel me répète qu'il est même inutile d'essayer ? »

Devant la candeur des propos de Laura, dans l'ambiance qu'ils suscitèrent, je remarquai que plusieurs autres étudiants hochaient la tête en signe d'approbation. Sans s'en douter, ils avaient mordu au plus insidieux des hameçons du faux moi : le *découragement*. Ce gigantesque doute de soi, ce désespoir, se tapit dans l'ombre entre la vérité et *ce que l'on croit être la vérité*. Il n'y a aucune façon de lui échapper. Mais lui échapper n'est pas nécessaire. Si le découragement ressemble à un Titan, il n'est qu'une vaste supercherie. De toute évidence, le moment est venu de jeter un éclairage nouveau sur cet ennemi incompris de la libération de soi. Dans l'obscurité, une bougie est plus puissante qu'un canon.

Peu après, tous les étudiants, y compris Laura, puisaient un encouragement dans les vérités contenues dans l'énoncé suivant. Le reste de la soirée se passa en un vigoureux échange de questions et de réponses qui nous hissa vers une meilleure connaissance de soi.

Le découragement nous démoralise et nous rend captifs dès que nous oublions que sa seule force est son aptitude à nous illusionner. Rusé, il veut nous persuader qu'il sait pourquoi nous ne pouvons pas faire un pas de plus vers notre dépassement.

Q : Oui. Ce que vous dites est sans doute vrai pour les autres, mais qu'en est-il du fait que je sois prisonnière d'une situation impossible ? Tant qu'elle persistera, je ne pourrai pas faire dans ma vie les transformations qui s'imposent. Que dites-vous de cela ?

R : D'abord, ce n'est pas la situation dans laquelle nous nous trouvons qui détermine ce que nous devons faire pour nous libérer. Ça, c'est ce que le faux moi voudrait nous faire croire. C'est le contraire qui est vrai. C'est le travail que nous faisons sur nous-même qui transforme la situation où nous nous trouvons, *quelle qu'elle soit*.

Q : Que voulez-vous dire ? Comment le fait de travailler à ma libération pourrait-il changer quelque chose au fait que je sois la proie d'une situation difficile ?

R : Ce que vous appelez un fait n'est qu'une supposition.

Q : Comment pouvez-vous dire cela ? Vous ne connaissez pas ma vie.

R : Nous obéissons tous aux mêmes lois intérieures. Nous ne devons jamais commettre l'erreur de croire que nous connaissons toute la vérité sur une chose, car il y a toujours un aspect qui échappe à notre compréhension.

Q: Je suis d'accord, mais comment le fait de savoir qu'il existe toujours une vérité supérieure peut-il transformer ma situation présente ?

R: À partir de cette compréhension supérieure de la vérité, vous pouvez prendre des mesures totalement nouvelles pour affronter une situation qui vous décourage. Vous pouvez oser vous détacher de ce que vous croyez être la vérité de la situation dans laquelle vous vous trouvez.

Q: C'est une notion très différente. Je suppose que je connais assez bien les raisons de mon malaise. Mais que pourrait pour moi l'abandon de cette certitude ?

R: Tout. En affrontant ce qui dresse un obstacle sur votre route, en ayant le courage d'exprimer votre désir d'aller de l'avant, en refusant de croire que vous devez reculer, vous avez fait en sorte que la vérité puisse travailler en votre faveur. À compter de maintenant, c'est la vérité qui se chargera de résoudre votre problème.

Q: Comment fera-t-elle ? Qu'arrivera-t-il ?

R: Si vous insistez pour avancer, la vérité vous montrera que ce qui vous apparaissait comme une muraille inviolable n'est en fait qu'une mince paroi de découragement conçue et édifiée par le faux moi. Vous n'avez qu'à y appuyer le poids de votre compréhension nouvelle, et elle s'effondrera comme le néant qu'elle a toujours été. Devant vous s'ouvre votre délivrance. Donner ainsi la préséance à la vérité équivaut à lui demander de vous élever de plus en plus haut. Elle le fera.

Q: Que signifie exactement donner la préséance à la vérité ? Par exemple, j'ai toujours cru que ma volonté d'attendre que s'améliore une situation donnée, tout en poursuivant mon travail sur moi-même, montrait bien que j'appréciais la vérité par-dessus tout. Mais il me semble que depuis quelque temps, on s'efforce de me faire comprendre que ce raisonnement est erroné. Qu'en dites-vous ?

R : Un jour, votre intuition ne vous trompera pas. Donner la préséance à la vérité ne signifie pas autre chose. Si nous croyons devoir attendre une amélioration des circonstances de notre vie avant de lâcher prise et d'entrer en contact avec notre moi secret, nous ne préférons pas la vérité. C'est notre désir de réussite qui est à l'avant-plan.

Q : Quel mal y a-t-il à vouloir réussir ? N'est-ce pas notre but ?

R : Oui, mais votre réussite spirituelle n'est pas entre vos mains, elle est entre celles de la vérité. Vous devez le comprendre, et ensuite permettre à la vérité de faire pour vous ce qu'elle seule est en mesure de faire.

Q : Maintenant que vous le dites, il y a un certain nombre de domaines de ma vie, dans mes relations personnelles et ailleurs, où je crois ne pas avoir été très sincère avec moi-même. Que faire ?

R : ***Recommencez*** et recommencez encore. Ce seul mot, « recommencez », est un des principaux aspects de la vérité, une leçon perpétuelle. Souvent, très souvent au cours de ce voyage au-delà de nous-mêmes où nous devons donner la préséance à la vérité, nous devrons reconnaître et admettre ces moments où nous n'avons pas été sincères envers nous-mêmes. Nous pouvons commencer à voir clair dans les rapports qu'établissait le Christ entre humilité et rédemption : « Bienheureux les pauvres en esprit » acquiert un tout autre sens quand nous comprenons la « richesse » et la prodigalité de notre imagination en ce qui a trait à la sincérité. Quand la vérité aura largué les voiles que nous avons cousues nous-mêmes, les courants cosmiques du moi secret nous pousseront vers le rivage.

Q : Je me sens toujours coupable de ce que j'ai fait, et je m'en veux, mais c'est inutile. Rien ne change. Le repentir n'a-t-il aucun pouvoir de transformation ?

R : Oui. Mais quand nous faisons du mal à quelqu'un, nous nous repentons surtout en raison du prix qu'il nous faudra payer. Nous nous attristons de ce que nous avons peut-être perdu, y compris l'opinion flatteuse que nous avions de nous-mêmes. La tristesse qui nous fait lâcher prise et qui débouche sur une véritable transformation n'a rien à voir avec ce que nous avons perdu, mais avec le fait que nous *sommes* perdus.

Q: Je trouve parfois la route fort longue, et j'hésite de plus en plus souvent sur la direction à prendre. Comment savoir si je suis sur la bonne voie?

R: Tous les efforts sont bons si vous vous éloignez de vous-même. Quand on constate qu'on s'est trompé et qu'on refuse de faire un pas de plus dans cette direction, cela équivaut à faire un pas dans la bonne direction. Soyez toujours positif.

Q: Y a-t-il un énoncé qui résumerait la vérité telle qu'elle nous a été transmise à travers les âges?

R: Le principe fondamental de toute vérité consiste à nous rappeler que nous ne devons pas demeurer tels que nous sommes.

Q: Je me sens tiraillé entre ce que je voudrais de la vie et ce que je devrais faire de ma vie. Que se passe-t-il? Pouvez-vous m'aider à comprendre ce que je ne comprends pas encore?

R: Quand nous venons au monde chacune de nos petites mains renferme un invisible mode d'emploi. Le premier nous incite à nous prouver et à prouver au monde qui nous entoure que nous sommes courageux, sages et dignes. L'autre, le vrai, nous rappelle que nous ne sommes pas ici pour prouver qui nous sommes, mais pour le découvrir.

> « Mettez la Parole en pratique. Ne soyez pas seulement des auditeurs qui s'abusent eux-mêmes! Qui écoute la Parole sans la mettre en pratique ressemble à un homme qui observe sa physionomie dans un miroir. Il s'observe, part, et oublie comment il était. Celui, au contraire, qui se penche sur la loi parfaite de liberté et s'y tient attaché, non pas en auditeur oublieux, mais pour la mettre activement en pratique, celui-là trouve son bonheur en la pratiquant. »
>
> Épître de saint Jacques, 1:22-25.

Ces cinquante secrets vous guideront jusqu'à votre demeure

J'ai quelque chose à vous dire. Nos pérégrinations sont presque terminées. Mais notre voyage au-delà des limites de cette vie n'aura jamais de fin. Voilà pourquoi j'ai écrit ce livre, où il est question de lâcher prise. Car lâcher prise est le voyage lui-même, et il ne finit jamais. Jamais. Il recommence sans cesse, à chaque fois que nous pouvons apercevoir quelque chose de supérieur à la certitude douloureuse que nous avons d'être qui nous croyons être.

Vous pouvez vous en donner la preuve. Choisissez n'importe laquelle des leçons de ce livre qui vous aura plus particulièrement frappé, et relisez-la. Notez mentalement ou par écrit les sentiments qu'elle suscite en vous. Notez tout ce que vous remarquez concernant la partie de vous que ce passage remue. En êtes-vous émerveillé ? Éprouvez-vous un désir nouveau ? Vous sentez-vous bouleversé ? Efforcez-vous de noter le plus de détails possibles sur vous-même et sur votre réaction. Concentrez-vous sur cette leçon pendant une semaine entière.

Par exemple, il se pourrait que la notion selon laquelle nous hébergeons des intrus qui se comportent comme des invités vous intrigue. Pendant toute cette semaine, aussi souvent que possible, dressez un inventaire des hôtes qui occupent votre demeure intérieure. Vous serez sans doute surpris du désordre qu'ils y font régner malgré vous.

Oui, tout cela est bouleversant. Mais le fait d'être conscient de ce bouleversement intérieur rendra un important éclairement possible : vous saurez que c'est là *votre* demeure et non *la leur*. Vous voilà en route vers votre véritable autonomie, car vous avez compris *le sens caché* de cette leçon. Vous avez enfin franchi le pas qui sépare l'intellect de l'inspiration.

Quand ce miracle se produira, vous n'en reviendrez pas des insondables abysses de mystère qui s'ouvriront sous vos yeux. Ce dont vous n'étiez même pas conscient il y a une seconde à peine captera aussitôt toute votre attention. La magie se reproduira avec chaque leçon ainsi reprise, jusqu'à ce qu'un jour vous vous rendiez compte tout aussi soudainement que l'insondable n'était pas la leçon, mais vous-même, votre moi réel, votre moi secret, parce qu'il est infini. Vous faites maintenant partie de cet invisible pouvoir qui le compose.

Les secrets que nous avons dévoilés au cours de ces neuf chapitres nous permettent de voir au cœur de quelques-uns des mondes invisibles qui sont en nous. Nous y avons découvert que la qualité et le bonheur de notre vie physique, avec la complexité des relations qui les composent, dépendent des forces qui régissent ces univers intérieurs qui nous étaient restés jusque-là imperceptibles. C'est donc en nous-mêmes que nous devons apprendre à lâcher prise. Nous savons maintenant que pour percevoir vraiment ce que nous ne voulons pas, nous devons déceler ce dont nous ignorons la présence *en nous*. Il n'y a pas d'autre solution. C'est pourquoi nous devons poursuivre sans relâche notre voyage intérieur personnel.

L'aspect le plus merveilleux de ce voyage intérieur est qu'à chaque fois que nous nous hissons jusqu'à un havre, ce n'est pas que nous avons accédé à plus de pouvoir personnel, c'est que nous nous sommes libérés de la certitude tenace et ancienne de notre impuissance ! Avec le faux moi qu'estompe la lumière de cette révélation disparaissent tous nos faux désirs, que nous prenions jusque-là pour des besoins réels.

C'est parce que nous avons persévéré dans notre voyage intérieur que nous sommes aujourd'hui sur le point de sortir. Nous nous demandons avec joie *s'il est nécessaire* de nous inquiéter ; d'être anxieux ; de nous sentir seul ou assailli par le doute ; de nous fâcher ; de planifier l'avenir ou de regretter le passé ; de garder des rancunes ou de chercher notre revanche. En fait, est-ce nécessaire d'être malheureux ou triste si l'on comprend que la souffrance psychique n'est que le symptôme de notre myopie spirituelle ? C'est tout. Et voici le remède.

Il y a toujours quelque chose de supérieur, une vie bien au-dessus de notre actuel champ de vision. Mais pour voir ce qu'il y a là, nous devons lever les yeux. Nous devons lâcher prise. Ne vous inquiétez pas si, au début, vous ne voyez rien. La vision *viendra*. Un petit encouragement : reconnaissez-en la vérité, et sa vérité vous guidera. La révélation engendre toujours une délivrance, et la révélation est toujours un aperçu de ce qui était à portée de notre regard.

Voici cinquante moyens pour vous aider à lever les yeux. Je les ai subdivisés en quatre catégories qui elles-mêmes vous diront comment lâcher prise.

Reconnaissez les vérités qui suivent

1

Vous vous trouvez toujours là où vous devez être pour faire un autre pas au-delà de vous-même.

2

Nous sommes tous égaux en matière d'évolution spirituelle.

3

Dans les ténèbres intérieures, nous n'avons que deux possibilités: nous tromper ou tomber juste.

4

Ce qui vous bouleverse doit être perçu non pas comme une circonstance extérieure à laquelle remédier, mais comme un état intérieur qu'il faut comprendre.

5

Toutes les conclusions du cerveau sont des suppositions fossilisées du faux moi.

6

Les pensées et les sentiments décourageants ne savent rien d'eux-mêmes, encore moins de ce qui est au tournant.

7

Seul un égoïste aime sentir qu'il n'est personne.

8

Faire quelque chose en vue d'une récompense est douloureux, car cela va à l'encontre du vrai moi qui est sa propre récompense.

9

Puisque l'éveil spirituel n'a pas de contraire,
rien ne saurait le contrarier.

10

Ce malaise que vous éprouvez est le désir de ne pas
éprouver de malaise.

11

Ce souvenir triste ou sentimental est un souvenir,
pas un moi.

12

Le véritable amour n'a rien en commun avec ses contraires,
tout comme le soleil ne dépend pas de la lune
pour sa lumière ou sa chaleur.

Regardez au-delà de vous-même

13

N'hésitez jamais à vous placer dans une situation
où vous ignorez comment agir.

14

Si la vie vous jette par terre, levez les yeux : il y a des étoiles
au-dessus de vous.

15

Il y a toujours quelque chose là-haut si vous n'oubliez pas
de lever la tête.

16

Si votre destination n'est pas sur terre,
rien sur terre ne vous importunera.

17

Soyez celui qui cherche, non pas celui qui cherche à justifier.

18

Vous êtes lié à ce qui vous dirige.

19

La vérité n'a rien à voir avec un être satisfait de lui-même.

20

Le moi secret est une présence que nous devons percevoir,
non pas une récompense à laquelle aspirer.

21

Prier pour demander une faveur sans aussitôt prier pour demander pardon est arrogant.

22

Vous découvrirez votre moi secret quand vous saurez que personne ne peut vous venir en aide, même pas vous.

23

N'aidez plus jamais personne pour qu'ils sentent
qu'ils ont le droit d'être malheureux.

24

Que la vérité vous révèle que vous n'êtes pas sur terre
pour demeurer qui vous êtes.

Lâchez prise

25

La transformation de soi ne provient pas d'un changement
dans notre façon de nous percevoir, mais de l'absence
de besoin de nous percevoir.

26

Vous pouvez mourir à vos expériences de vie ou à cause d'elles.

27

Agissez en fonction de votre vrai moi, et non pas en fonction du moi qui vous représente.

28

Lâcher prise signifie découvrir qui vous n'êtes pas, et avoir le courage d'en rester là.

29

Persister signifie tenir bon jusqu'à ce que la stupidité disparaisse.

30

La seule façon de mieux illuminer le dedans consiste à s'asseoir délibérément dans nos ténèbres intérieures.

31

Faire de son mieux ne veut pas dire souffrir.

32

Sautez à pieds joints dans la vérité en sautant hors de vous-même.

33

Lâcher prise ne signifie pas renoncer, mais monter.

34

Le moi secret n'entre dans la vie d'une personne qu'à la condition d'en prendre possession totalement.

35

Pour être plus alertes, nous n'avons qu'à être attentifs aux pensées qui captent notre attention, et puis nous en débarrasser.

36

Ne tracez pas votre route en fonction de quelqu'un,
et ne permettez à personne de tracer votre route.

37

Lâchez prise, peu importe de quoi il s'agit.

La vérité triomphe toujours

38

Quiconque opte pour la vérité qui lui est supérieure,
opte pour lui-même.

39

La défaite est un souvenir ; elle n'existe pas
dans la vraie vie.

40

Vous pouvez être conscient de votre impuissance
sans ressentir d'impuissance.

41

Quand tout est accompli, être patient
est naturel et sans contrainte.

42

Pour rester calme, il suffit d'entendre nos voix intérieures
et puis de nous en libérer.

43

Dans l'éclairement de la conscience de soi, nous n'avons qu'un choix,
c'est-à-dire le bon, car les choix de la conscience ne se font jamais
à ses dépens.

44

Toute force que je me donne devient ma pire faiblesse,
tandis que toute faiblesse que je tolérerai consciemment
se verra remplacée par une force extérieure à moi.

45

Quand vous reconnaîtrez totalement votre erreur,
vous serez au seuil de la vérité.

46

Quand la vie est votre guide, son esprit est votre force.

47

La vérité entre à mesure que vous sortez.

48

Vous n'avez pas besoin de la permission ni de la collaboration de qui que ce soit pour être le dernier de vos soucis.

49

Vous ne pouvez pas vous imposer le silence, mais vous pouvez permettre à l'immobilité de vous guider.

50

Aucune situation n'est si pénible que la vérité ne saurait triompher d'elle.

Un message de Vernon Howard

Lorsque vous commencerez à comprendre que vous vous êtes créé un monde à votre image, vous n'en reviendrez pas. Voici donc un exercice conçu spécialement pour vous lorsque vous souffrez. Vous ne pouvez imaginer les merveilleuses transformations qu'il apportera dans votre vie.

À compter de maintenant, à chaque fois que vous souffrirez intérieurement, au lieu de vous concentrer sur votre souffrance comme c'est votre habitude, faites autre chose. Au lieu de centrer votre attention sur cette tristesse ou cette déception, pensez à autre chose.

Vous songerez : « Je ne comprends pas ma douleur. »

Dites-vous plutôt : « Il y a là quelque chose de sombre, une chose qui me blesse et qui me fait mal. » Mais vous ne retirerez pas de faux plaisir de cette douleur. Vous vous dirigerez exactement vers le bon rayon, comme l'homme qui voulait acheter des chaussures, et vous direz : « Je ne comprends pas ma douleur. » TOUT EST LÀ !

Vous ne penserez plus à votre souffrance, pas même une seconde. C'est fini. Vous avez joué votre rôle. PAR ICI LA SORTIE.

Dieu Lui-même vous a porté secours. C'est le secret de la vraie religion. Dieu Lui-même dit : « Ne pensez pas à la douleur, ne nagez pas dans la douleur. Détendez-vous et dites-vous : "Je ne comprends pas l'angoisse qui me terrorise." »

Si vous ne la comprenez pas, VOUS n'y pouvez rien, n'est-ce pas ? Alors ne faites rien.

Nous avons beau nous lamenter, pleurer, gémir, grommeler et songer : « Comment me suis-je mis dans un tel pétrin ? », cela ne change rien à l'affaire. En faisant l'exercice proposé, vous vous placerez dans un contexte tout à fait différent, et vous recevrez les bienfaits que ce contexte vous réserve.

Voulez-vous connaître la joie de ne pas prendre chaque jour les décisions que vous dicte votre inquiétude ? Dites « Je ne comprends pas » cette crise, ou cette souffrance subite. ET ARRÊTEZ-VOUS. VIVEZ VOTRE JOURNÉE SANS LA COMPRENDRE.

C'est le fait de mal comprendre qui nous bouleverse tant intérieurement. N'ayez pas peur de ne pas posséder l'intelligence de ces choses. Dieu sera ravi de prendre la relève. Dieu vous donne Sa vie en échange de la vôtre.

La plupart des hommes et des femmes vendent leur âme à longueur de journée pour avoir l'impression fugace de tenir leur vie en main. Qui possède vraiment la maîtrise de soi ne la cherche pas et n'a jamais besoin d'en justifier l'absence.

Si vous êtes d'accord pour dire « Je ne comprends rien à ma vie », vos perceptions erronées s'estomperont et feront place à la révélation divine. Cette révélation supérieure est tout ce dont vous pourriez avoir besoin, tant dans ce monde que dans l'autre. Osez. Lâchez prise.

Guy Finley
Life of Learning Foundation
P.O. Box 10-S
Merlin, OR 97532
USA
(541) 476-1200

Table des matières

Suivez-nous sur le Web

Consultez nos sites Internet et inscrivez-vous à l'infolettre pour rester informé en tout temps de nos publications et de nos concours en ligne. Et croisez aussi vos auteurs préférés et notre équipe sur nos blogues !